JN111391

世紀末ベルリン滞在記

移民／労働／難民

加藤 淳

目次

はじめに

日本のこれからを決めることのひとつに、外国人とどうつきあうかという問題があると思うのです。歴史や日常の場面で、わたしたちはいろいろな形で外国人や外国とつきあってきました。紀元後数世紀に漢字が入ってきた、仏教が入ってきた、近代には黒船がやってきた、現代では戦争に負けて占領された、個人の経験として留学した、旅行した、移民した、駐在した、結婚した、いっしょに学んだ、いっしょに働いた、恋をした、フラれた、抱き合った、ケンカした、差別した、差別されたなどなど、あげればキリがないほど外国のものや外国人とのつきあいを重ねています。そしてその都度、意識するしないにかかわらず、わたしたちのなかにある日本や日本人というものにスイッチが入り、それが発動して、自分の判断や選択に影響を及ぼしています。外交レベルであれ、ビジネスレベルであれ、歴史研究の場であれ、旅先の一コマであれ、愛の場面であれです。

令和の時代を迎えて、またひとつ外国人とのつきあいかたに大きな変化の波がきていることを感じます。今回は文字や西洋文明というものではなく、労働力です。

急速に進む少子高齢化社会のなかで、国内の労働人口が減る一方、製造業をはじめとして多くの労働現場で労働力不足が深刻になっています。日本社会はその解決のために女性とシニア世代の雇用の拡大をはかっていますが、それだけでは何ともならず、外国人労働者に助けを借りて前に進む選択をしました。二〇一八年一二月の臨時国会において、改正出入国管理法（正式名称：出入国管理及び難民認定法及び法務省設置法の一部を改正する法律）が成立し、二〇一九年四月より施行されています。初年度は最大で四万七五五〇人、五年間で約三四万人の外国人労働者の受け入れを見込んでいます。

経済界の要望を受けた日本国政府がそう決めた以上、好むと好まざるとにかかわらず、それは日本社会の日常の風景となっていきます。二〇一八年六月の段階で在留外国人数は過去最高の二四六万人（総務省調べ）を突破し、外国人労働者は一四六万人（厚労省調べ）超を数えます。今後この流れはますます加速し、単純計算でも一〇年後には三〇〇万、さらには四〇〇万人の外国人が日本で暮らしながら働き、ともに暮らしていくことになります。

首都圏のコンビニのレジでは中国やタイ出身の若い男女に会うのは普通ですし、ファミレスや居酒屋の店員がブラジルやモンゴル出身の男女だったりすることにも違和感を覚えなくなりました。道路工事の現場で汗を流しているベトナム人の若い男性もよくみかけます。東南アジア系の土木作業員が休憩しているところから、インドネシアタバコのガラムのかおりが漂ってくることもあります。今や非熟練労働や低賃金過重労働の現場では、外国人労働者の手を借りないと立ちいかないところが多く、今後、介護や医療現場などあらゆる階層の日本人が利用する施設でも、彼ら彼女らの力添えを必要とするところが増えていくのは必至です。その結果、わたしたちは誰もが外国人と日常的につきあっていくことになります。

ドイツではすでに六〇年前に同じ経験をしています。かの国では一九五〇年代から労働力不足になやみ、数多くの外国人労働者を呼んで、経済の屋台骨を担ってもらってきた歴史があります。彼らは「ガストアルバイター」（とくに西ドイツ）と呼ばれていました。ガストはゲスト、アルバイターは労働者の意味です。ゲストはずっといるのではなく、いずれ帰るひとです。意訳すれば、一時的に滞在して働いてもらい、いずれ帰っていく労働者ということになります。しかし実際にはドイツにきた彼らは自分の国には帰りませんでした。むしろ家族を呼び寄せて定住し、自分たちの共同体をつくって根を張っていきました。二世、三世と新しい世代も生まれ、移民化していったのです。受け入れた側のドイツも内心、外国人が増えていくことに不安をつのらせながら、帰れとはいえませんでした。ナチスへの反省から、排外的な言動は法律に抵触することになっていますし、ガストアルバイターはドイツのために働いたひとびとでもあります。その分、表に出せない不満がつのる。それがのちに、さまざまな問題をはらんでいくことになります。

働いてもらう以上、働き盛りの若い男女がくるのです。労働力というロボットがくるわけではありません。日本政府が閣議決定した改正出入国管理法では在留期間を一年とし、適宜延長し、通算で上限五年と限っています。家族の帯同は認めず、生活や業務に必要な日本語能力を試験で確認すると外務省のＨＰではうたっています。かなりむりのある法律です。一年の滞在のために、仕事と日常生活に必要な日本語力をつけるのは大変です。彼らだって日本にいても恋はするし、結婚することもあれば、子どもだって生まれます。自然であたりまえのこと。それを禁止できる国があるでしょうか。かつて東ドイツは外国人労働者のドイツ人との恋愛を禁止し、外国人労働者同士の夜の行為を禁止し、妊娠した外国人労働者は日常的に中絶させられました。それをわたしたちが強制するわけにはいきません。日本にいる間は我慢しろ、というのはあまりに酷な話です。

これから日本にやってくる外国人労働者たちもさまざまな形で移民化していくことが予想されます。わたしたちは彼ら彼女らやその家族とうまく共生していけるのでしょうか。共生とは、一義的には違う者同士が相手の足りないものを補いあいながらともに生きていくことです。双方が利益を受け、ともに生かしあうことが理想です。それができれば、日本人も外国人も誰もが幸せになれます。

しかし、はたしてそのようにことは運ぶでしょうか。

治安の悪化を心配するひともいます。日常のごみ出し問題や自治会活動でのネックを考えるひともいます。豚肉や豚肉エキスを使った食事をとらないイスラム教徒の食事問題や礼拝所問題を考えるひともいます。海外のテロが日本に飛び火するのではないかと心配するひともいます。外国人子弟たちを受け入れる公立学校での言葉の問題や成績差により日本人生徒の足をひっぱらないかを不安視するひともいれば、彼らが学校や社会にうまくなじめず不良化した場合のことを心配するひともいます。多くの日本人に不安や不満が充満し制御不可能になったとき、排外思考や排外行動が一気に広がらないとも限りません。ガス抜きはいつも少数派や弱者に向けられるのが世の習いです。

歴史的にみれば、わたしたちの先祖は関東大震災の際には朝鮮半島出身のひとを虐殺していますし、太平洋戦争の際にはアメリカ人とイギリス人を鬼だの畜生だのとみなして、路上に描かれた英米人の戯画を踏みつけたりしています。今から思えば信じられないことですが、その当時、こうした行動の背景にも確固たる信念や考え方があり、大真面目にやっているのです。時代の潮流や考え方に、わたしたちは簡単に伝染してしまう傾向があるようです。令和時代のわたしたちの行動が、あと百年後、二百年後の子孫たちに笑われないとも限りません。

日本の労働力のためなら外国人にきてもらうことにやぶさかではない日本政府と経済界も、こと難民の受け入れとなると、とたんにしぶります。難民とはそもそも誰のことでしょうか。一九五一年の国連における「難民の地位に関する条約」によれば、難民とは「人種、宗教、国籍、政治的意見やまたは特定の社会集団に属するなどの理由で、自国にいると迫害を受けるかあるいは迫害を受けるおそれがあるために他国に逃れた」ひとびとと定義されています。一九八一年以降、日本もその条約に参加しており、表むき難民支援をうたってはいますが、実際にはほとんど難民を受け入れていません。

二〇一一年、シリアで内戦が勃発すると世界中に難民が逃げていきましたが、そのときの各国の難民受け入れ状況をみてみると一目瞭然です。国連難民高等弁務官事務所の調査によれば、二〇一六年ドイツは二六万人、フランスは二万四千人、アメリカは二万人、カナダは一万人、トルコは二九〇万人、レバノンは一〇〇万人、ヨルダンは六〇万人の難民を受け入れています。一方日本では二八人です。この少なさに対して国内ではあまり問題視されることはなく、受け入れ態勢をつくろうとする政治的意思もなければ、世間での認知度もない状態です。そもそも難民は直接日本に保護を求めることはできないシステムになっています。政府は、難民救済に関して難民をかかえて困っている国からの要請を受けて、ODA（政府開発援助）を通じて資金援助をすることになっています。難民そのものは「国」ではないため、彼らの声に耳を傾けるということはありません。シリア難民に限っていえば、日本政府はトルコ、レバノン、ヨルダンに難民のための資金援助をしています。

おぼれているひとを前にして、どういう行動をとるのか……。そこにその国の人間性、考え方、生き方があらわれます。何も考えず、まずは命を救うための行動をとるのか。大勢集まって、ああでもないこうでもないと話しあいはするけれども、もっともな理由をつけて救いの手は差し伸べないのか。外国人だからとか、数が多すぎるという理由で、助けるのをやめるのか。資金だけを出すのか。その選択の仕方が、これからの日本人のあり方を問うことになります。

わたしは一九九六年からドイツのベルリンに通いだし、九七年から一一年間、ベルリンを第二の故郷にして生きていました。この町は、一九八九年のベルリンの壁の崩壊から新しい歴史をスタートさせました。翌年の三月、東西に分断されていたドイツは再統一をはたします。第二次世界大戦後に長くつづいた冷戦に終止符が打たれ、ひとびとは争いあうより、ひとつになることを目指しはじめました。統一、統合を合言葉に、政治も経済も民族も文化も、混ざりあいながら新しい道を模索していたのです。欧州連合の東方への拡大、ユーロ通貨の導入もその流れのなかにあります。ベルリンはその先頭に立っている町でした。ベルリンは分断の象徴から、統合の象徴へと変わったのでした。

しかし政治システムが変わったからといって、ひとびとの感じ方や考え方がそう簡単に変わるわけではありません。ベルリンは「東と西が出会う場所」だと旅行ガイドブックに書いてあることがあります。東とはまず旧東ベルリンや旧東ドイツを意味しますが、広義には東欧、さらには東洋をも含み、西も同様です。つまり、これから文化・文明が新たに出会い、新しい価値を生み出す町という希望に満ちた前向きな売り言葉です。

とはいえ、こんな東西の出会いもあります。世界的な寿司ブームのおかげで、今でこそドイツのひとも日本食になじむようになっていますが、わたしが暮らしだした世紀末は、まだそれほどなじみのあるものではありませんでした。

　ある日、語学学校からくたくたになって帰ってきて、わたしは母から送ってもらった段ボールいっぱいの日本食材の山から乾燥わかめと顆粒のカツオだしとみそを取り出しました。小さなナイフでネギと大根を切り、みそ汁をつくりはじめました。渡独した当初、あれほどうまいと思っていたパンとソーセージとチーズの毎日に食傷していたのです。なかなかうまくならないドイツ語との格闘に疲れ気味で、気持ちの問題もあったのかもしれません。煮立ったお湯に顆粒だしをざっと入れました。湯気のなかになつかしいにおいが立ち上り、目を細めると、遠い日本が恋しく感じられます。刻んだ大根、ネギ、お湯で戻したわかめと順に入れ、最後に火を止めてみそをとかしました。できたみそ汁をミルクコーヒー用の取っ手のない大きなお椀にそそぎ、キッチンに立ったまますすりました。一口飲んではため息をつき、一口飲んではため息をつき、そんなことを繰り返しながら、日本の女友達のことを考えたりしていました。みそ汁を飲み干し、二杯目のみそ汁を温めなおしてそそぎ、鍋でたいたご飯をほおばっていたときです。アパートのブザーが鳴りました。

　玄関の扉をあけました。そこには警察官と上の階に一人で住んでいるおばあさんが立っていました。

「何か?」とたずねると、「あなたの部屋から異臭がすると通報がありまして、何か事件にでもなると困るので、うかがったのですが」と警察官が言うではありませんか。

「異臭?」わたしは、一瞬何のことかわかりませんでした。

「この部屋のキッチンからすごく臭いにおいが上がってきたのよ。あまりに臭いから心配になってしまって」と甲高い声でおばあさんが言いました。キッチンにあるものといえば、みそ汁とご飯としょうゆを垂らしたツナ缶だけです。つつみかくさず、そう説明しました。

「何か臭いものを扱っていないの？」とおばあさんがたずねました。

「そんなに心配ならどうぞ入ってみてくださいよ。ご飯を食べているだけですから」

わたしは言いました。

「いえ、それなら結構です」と警察官は言い、おばあさんに向かって「奥さま、ご心配ありませんよ。確かにアジア食の独特のくさみがありますが、これは食べ物のにおいです。ベトナム人のインビス（路上の立ち食い店）でも同じようなにおいがしていますよ」と言いました。そしてわたしに向かって、失礼しました、グーテンアペティート（どうぞ召し上がりください）と言い残して、扉を閉めました。

わたしのふるさとの食べ物が警察官まで出動する異臭騒ぎを起こすとは予想もしませんでした。逆の立場を考えれば、日本でも起こりうることです。独り暮らしの日本人高齢者の隣に、なじみのない外国人が住んでいる。言葉がまったく通じない。毎日どろまみれになって出入りしているが、いったい何をしているのかわからない。ある日、その部屋から今まで嗅いだことのない悪臭がただよってくる。テレビでは、外国人が増えて治安が悪くなったと芸能人が言っている。本来孫思いの、まったく排外的な気持ちなどもっていない日本人が、不安と不満と不信感を募らせていく。壁一つ隔てた隣では、ふるさとの味に舌鼓を打つ、疲れた外国人労働者が一人……。

こんな悲惨で滑稽な経験を、わたしはベルリンでごまんと積み重ねました。分断よりも共生を目指していこうとする欧州の中心地ベルリンではありますが、熱い血潮をもつ生身の人間が理念についていくのはとかく難しい。異質なひとびとが隣で生活していると、誤解と不満が積み重なって、否定しているはずのナチズム的排外思考が一気に噴き出す場面をみる機会もたくさんあります。排外思考をいけないこととして道徳的に否定すればするほど、反動が大きく出たりもする。その挙げ句、外国人をやっつけろといった極端な信念をもつひともいます。それに対抗してドイツ人を敵視する外国人も出てくる。社会は混乱します。しかし増えていく外国人に「出ていけ、国へ帰れ」と言ってもすでに遅いのです。製造現場も介護・医療現場も工事現場も外国人労働者なくしては支えきれません。彼らを無理に引っこ抜けば土砂崩れが起きて自分たちも生き埋めになる。

ドイツ人もドイツに住む外国人も、ともに幸せになりたいだけなのに、人間ゆえにどちらも傷つけあい、苦しみあう現実があります。そうした問題の根幹は、よくよく考えればぶつかりあっているお互いの間にあるというより、そうした状況を生み出している支配層の政治判断や経済界や企業側の事情にあるのです。しかし批判はそこへは向かず、お互いを憎みあうことにエネルギーを費やしている。

いつしかベルリンやドイツの現実を、わたしはこれからの日本社会に重ね合わせるようになりました。経済成長と労働力を至上命令とする日本の進む道をみていると、ドイツがいつかきた道をたどりなおしているようにみえます。日本国内での格差社会は新たな身分社会の固定化に向かっています。一部の勝ち組と大多数の負け組が生まれるとなれば、負け組はさらに弱い者をたたこうとする。外国人労働者は日本社会の宿痾となっているいじめ構造の一番下にきます。彼らが日本で移民化し、二世三世が生まれてくれれば、選挙権や被選挙権、健康保険や年金問題もからんできて、日本人とは誰か、という定義を問い直す必要がでてきます。日本人とは日本人の血が流れている者、という昔ながらの日本人観は通用しなくなり、さまざまな肌の色をした日本人が登場し、ともに暮らしていくことになります。スポーツ分野ではすでに移民の背景をもった日本人選手が活躍して称賛される一方、活躍しない、ないし問題を起こす移民系の日本人はどう扱われていくのか。「使える使えない」で人間の選別をする日本社会のなかで、肌の色の違う彼らが「おまえは日本人ではない」と言われるようなことはないのか。不景気になれば下流を生きる日本人が、自分たちの働く場所を外国人に奪われているしと言い出すこともありえます。社会の歪みがひどくなれば、必ず台頭するのが排外的ナショナリズムです。ドイツではすでに、極右政党AfD（ドイツのための選択肢）が、旧西ドイツ地域に比べて経済的に停滞している旧東ドイツ地域で支持者を増やしており、二〇一九年の秋、各州の州議会選挙では第二党に躍進するムーブメントになっています。

民族的アイデンティティやナショナリズム意識が抑圧されている者や差別される者を支える力になることがあるのは確かです。わたしもドイツにいて「日本人をなめるなよ」「アジア人をなめるなよ」と心のなかで何度つぶやいたことか。しかし、それは外国人として四面楚歌に直面しているから使える一手です。自分が自分の国に帰国し、外国人ではなくなった瞬間に禁じ手となります。ナショナリズムを自国内で語りだすと、強きを助け、弱きをヘイトすることに痛みがともなわないひとが増えてくる可能性があります。

きたるべき混乱の時代に、ナショナリズム以外の答えはないのか。日本人と、日本にやってくる外国人労働者がそこから解放される手立てはないのか。

それが本書の問いの一つです。期せずして世紀末ベルリンは、わたしの肉体を使った、その問いの答えを探す実験場になりました。混迷を極める世界情勢のなかで、今後の日本の理想的な姿をイメージするには至っておりませんが、一冊にまとめるにあたり、ベルリンからたくさんのヒントをもらってきたことは確かです。その着地点は、ありふれていますが金子みすゞの言う通り「みんな違って、みんないい」です。わたしたちは違いに優劣をもちこんでみたり、他者との違いに耐えきれず自ら同化する、あるいは他者を同化させることを選びがちです。しかしそこを超えられたら、きっと日本社会はもっと素敵になるだろうと想像します。みんなが同じであると、いくらでもとりかえがきき個人が個人である理由は失われますが、みんなが違ってみんながよくなれば、各々が必要とされます。そして個人が個人として尊重され、同時に他者を尊重することにつながります。

　最後に本書の内容を紹介します。

　第一章「闇タバコ売りになったベトナム人労働者」。舞台は旧東ベルリン、リヒテンベルク地区。そこでは多くのベトナム系移民が暮らしている。ベルリンの壁が崩壊する以前、東ドイツもベトナムも共産主義国家の同志として関係をもち、多くの労働者がベトナムからやってきた。契約労働者としての悲哀がありながらも、生産性の高かったベトナム人労働者たちは信頼もされていた。だがベルリンの壁崩壊後、彼らが働く国営企業は倒産。彼らは「同志」というはしごを外され、ただの貧しい移民に落ちぶれる。そこで地を這うように生きていくなかで展開する闇タバコビジネスの実態をレポートする。

第二章「ある地下鉄ミュージシャンの来歴」。ベルリンの地下鉄にストリートミュージシャンの声がこだまする。音楽を志す者、音楽の夢をあきらめた者、人生の敗残兵、ただの小銭稼ぎ、肝試しなどさまざまな理由でベルリンのストリートや地下鉄を舞台に音楽を奏でるひとがいる。ストリートミュージック界で圧倒的な力量で目立つのが、インドネシア人青年サンディ。音楽家デビューを目指して夜な夜な地下鉄に出没する。サンディの歌の秘密はベルリンのひとびとの祈りを胸に抱きとめ、美しい響きにして表現してみせることにあった。のちにドイツと欧州で大成功をおさめ、今では本国インドネシアで国民的シンガーになったサンディ・ソンドロの、無名時代の日々を追う。

第三章「ある兵士のひとりごと」。電車のなかでドイツ連邦軍の兵士の奇矯な行動に遭遇し、観察しながら、戦後西ドイツと東ドイツの軍隊の成立の歴史と政治的な意義、当時まだ存在した徴兵制度と徴兵拒否に思いを巡らす。目の前の兵士が演じる不条理劇のような言動が、ボスニアに派遣された平和安定化部隊のドイツ軍兵士の味方の誤爆による死を批判していることが判明する。

第四章「ポツダム広場の日本人料理人」。海外に出て日本食レストランをつくりたい、という夢に向かって進む若い日本人料理人の孤軍奮闘ぶりをレポートする。舞台は新しい欧州の中心地となったベルリンのポツダム広場の高級ホテル。そこでは戦後ベルリンの壁がつくられ、壁が崩壊してドイツが再統一すると再び大きな再開発計画が動き出す。広場にはソニーセンターと呼ばれる一画も誕生し、新しいベルリンの中心に日本企業の雄が陣どった。世紀末、ドイツにもアメリカから高級寿司ブームが飛び火する。日本食をドイツに定着すべく料理人として高級ホテルに乗り込むことになった青年の矜持。

第五章「あるアラブ移民の肖像」。移民街の広場で日光浴をしている際に出会ったアラブ移民兄弟のささやかなライフヒストリー。彼らはサッカー界のスーパースター、ジネディーヌ・ジダンと同郷であり、移民としての生き方を模索している。まだ少年の弟はジダンにあこがれ、プロのサッカー選手になる夢をみている。

第六章「ハイジャックテロリスト　モハメド・アタとその時代」。二〇〇一年九月一一日に起きたアメリカ同時多発テロ事件の次の日、わたしはベルリンの地下鉄のホームでドイツ人市民がトルコ系移民の女性をテロリストと罵倒し、移民が多いせいで悪いことが起こる、と怒鳴り散らし、わたしをにらみつける場面に遭遇する。わたしは、自分がヘイトされる側の人間であることを意識しだし、九・一一テロの実行部隊リーダーとなったモハメド・アタの後姿を追いはじめる。エジプト人のアタはハンブルクの大学で指導教官も舌を巻く成績優秀な建築学徒だったが、自分の生きづらさを突き詰めれば突き詰めるほど、イスラム的価値観と西洋との相克に引き裂かれていく。オウム真理教事件、阪神淡路大震災など日本でも時代の転換点となった九五年に思いをはせ、同年、アタがメッカ巡礼を果たしテロを意識しだした痕跡を感じながら、アタと同世代のわたしが自分のドイツ体験を通じてみたアタの時代を俯瞰する。

第七章「あるトルコ人労働者の本音」。ベルリン工科大学のカフェテリアで出会ったトルコ系移民労働者ラマザンと兄弟分になったわたしが、ラマザンの結婚相手を探さなければと思い立って書いた彼女募集広告。ラマザンの口から語られる、ドイツ社会における移民労働者への差別のすさまじさ、それによって苦しむ移民たちの心のよりどころとしてのイスラム復興の動き、苦労の末にアルコール中毒になってしまったラマザンの父親がくり返すテロ狂言のことなど、切なくもおかしいストーリー。

第八章「行き場のない移民少年たち」。九五年から一〇年後のベルリンの夏の夜、川べりでアラブ系不良少年たちにからまれ、いざこざのすえにマリファナをあてがわれ、ジョイントをふかしながらみる夏の夜の悪夢。一九九五年は世界にとって「絶望の九五年」だった、と見立てるわたし個人による一九九五年時代分析試論。日本、ボスニア・ヘルツェゴビナ、テロリスト モハメド・アタに焦点を当て、なぜ絶望しなければならなかったのかに思いをはせるが、それはしょせんマリファナがみせた幻にすぎなかったのか。


第六章と第八章をのぞき、舞台はすべて一九九七年から二〇〇〇年までの世紀末ベルリンです。ベルリンにも、この本の登場人物たちにも二〇年が経過しています。二〇年前を探求することで、今がみえます。今がわかればこれから進む道のなかで、過去の失敗や痛みを確認し同じ蹉跌は踏まないよう注意深くなれるように思うのです。

ドイツの状況は刻々と変化しています。二〇一六年一二月にはベルリンのカイザーヴィルヘルム記念教会前のクリスマスマーケットにトラックが突っ込み一二名の死者と数多くの重軽傷者がでました。犯行に及んだのは、アラブの春をきっかけにイタリア、スイス、ドイツと難民申請をしながら転々と移動していたチュニジアの貧困層出身の青年でした。イスラム的テロとされていますが、元来まったくイスラム信仰にも興味をもっていなかったとされる人物で、二〇〇八年の秋葉原無差別殺傷事件の犯人と同様、個人的な私怨の暴発といった趣きが強い事件でした。こうした事件の多発も手伝い、国内では反イスラム運動がネオナチや極右政党とつながりながら、社会現象化している面があります。

メルケル政権が難民受け入れ政策をとりすぎたことへの批判は強く、いったんは開いた胸を閉じ、ドイツは低成長の時代をじっと耐えているようにみえます。ドイツのみならず欧州各国では再びナショナリズムが目立ちはじめ、統合よりも分断の時代に逆戻りしそうな勢いをみせています。イギリスの欧州連合離脱の動きもその流れにあります。

しかし、この本の主人公たちはそんな時代に逆行するように、自分たちの生きている場所で、分断よりも手を取りあう道を模索するいい大人になっています。いつかその物語を書くことが許されるなら、わたしは再び第二の故郷ベルリンへ舞い戻り、それぞれのその後を追う旅に出たいと考えています。

そしてもう一つだけ。

ベルリンはいい町です。今では世紀末のような貧しさも泥臭さも目立たなくなり、誰もが居心地のいい、おしゃれな町に変わりつつあります。しかし同時に、がんこに変わらないところもあります。それは何事もクールに許容する懐の深さです。わたしにはどこかベルリンに育てられたという思いがあります。ですからドイツ人に自己紹介するときは、ベルリンへの思いを込めてこう言います。ぼくは日本生まれベルリン育ちのベルリナー（ベルリン人）です、と。

第一章　闇タバコ売りになったベトナム人労働者

一九九八年、凍てつく一二月の旧東ベルリンのアスファルトの上だった。昼下がり、ひとりのベトナム系移民の男が弾丸にたおれた。近距離から胸に撃ち込まれた弾は三発。急所に命中し、男は即死した。

現場は旧東ベルリンの中心地をつらぬく大通りカール・マルクス・アレー。かつてはスターリン・アレーと呼ばれ、東ドイツ政府の高官らが住んだ豪華な高層建築が並ぶ一角だ。その建築スタイルは社会主義的古典様式（スターリン様式）と呼ばれ、大きなウェディングケーキのように上に向けて細くなりながら伸びていくのが特徴だ。ベルリンの壁があったころ、ここにはスターリンの銅像が立ち、ドイツ民主共和国（東ドイツ）国家人民軍の軍事パレードなど国家行事がおこなわれる首都の大通りとしての役割を担った。

ベルリンの壁が崩壊して、間もなく一〇年がたつ。

警察が急行し、現場検証がおこなわれた。見物していた人だかりのなかから数人のベトナム人が連行された。犯人は逃亡したが、闇タバコをさばくベトナムマフィア同士の内部抗争の可能性が高い、とされた。

わたしは旧西ベルリンの中心駅ツォーのカフェ・セガフレドのスタンドで、濃い目のコーヒーをすすりながら、駅の大きなモニターでこのニュースをみていた。

「こいつのせいでか」わたしはつぶやいた。煙を吐き出したタバコは、ベトナムマフィアから買っている闇タバコだった。殺された男が誰なのか、気になった。いやな予感がした。

まさか、あいつじゃないだろうか。いつも売ってくれるあの青年の顔が浮かんだ。

次の日のベルリンの大衆紙ＢＺ《ベーツェット》はこう報じた。

「ベトナムマフィア抗争、四七人目の犠牲者。今年（一九九八年）に入り三人目の犠牲者となった。かつてベルリンを仕切った大きなグループが内部抗争により三つに分裂し、内部抗争が激化している。とくに一番影響力のあるグループを率いるドン、通称「慈悲深い男」の送ったヒットマンの手による可能性が高い」

カール・マルクス・アレーを北東方向に進み、つづくフランクフルター・アレーをさらに直進した旧東ベルリンのリヒテンベルク地区にわたしは暮らしていた。

町はいつも灰色だった。空も空気もひとも建物も。

ベルリンの町はかつて二つに分断されていた。それぞれ別の国に属し、互いに敵対した。旧東ベルリンは、東ドイツ（ドイツ民主共和国）の首都だった。東ドイツは共産主義国家だった。ナチス政権が戦争に負けると、ドイツはソビエト連邦、アメリカ、イギリス、フランスに分断統治された。ソビエト管理地区に西側占領地区とはべつの経済システムが導入され、そこに新しい国家が誕生した。

それがドイツ民主共和国だ。一九四九年、ソビエトのスターリンに産み落とされたこの国は、ソビエトを後ろ盾にして必死に泳いではきたものの、四〇年後の一九八九年、ソビエトのゴルバチョフ大統領の登場により終わりを告げた。

この国の死に際を、駆け足で追ってみる。

一九八〇年代後半に入ると、東欧諸国で民主革命が起きはじめ、東ドイツの各都市でも民主化要求デモが頻繁に発生した。日本で昭和天皇が崩御した一九八九年、ベルリンの壁が崩壊し、社会主義統一党（ＳＥＤ）による一党独裁体制は終焉した。

もともと民主化を求める市民たちのスローガンだった「われわれが人民だ（Wir sind das Volk）」という言葉が、ベルリンの壁崩壊後、「われわれは一つの国民だ（Wir sind ein Volk）」に変わり、東ドイツ市民の求めるものは民主化からドイツの再統一へと変わっていった（「ドイツ統一」は、通常一八七一年、プロイセン王国がドイツ全土を一つにまとめてドイツ帝国を成立させたことを指し、東西ドイツが一つになったことは「ドイツ再統一」と表現される）。

翌年の一九九〇年、東ドイツ国内で、最初で最後の自由選挙が実施された。ＳＥＤは独裁色を払しょくし民主社会党（ＰＤＳ）と名を変え、東ドイツのプライドと生き残りを模索した。一方、それまで有名無実化していたキリスト教民主同盟（西ドイツの同名政党とは別）、ドイツ社会同盟、民主主義の出発の三党合体によるドイツ連合は、西ドイツに吸収される形での再統一を主張。ひとびとは後者を選んだ。その結果、一四の県に分割されていた東ドイツは新たに五つの州に分けられて、西ドイツ（ドイツ連邦共和国）に組み込まれた。これをもって名実ともに東ドイツは消滅した。

一九九〇年一〇月三日、新生国家の誕生を祝い、自由や民主化の美酒に酔う東ドイツのひとびとの歓喜の姿は、世界中に報道された。高校生だったわたしも、テレビニュースでその様子をみた。その年の暮れ、日本では紅白歌合戦に長渕剛が出演し、旧東ベルリンのジャンダルメンマルクトにあるフランス大聖堂から、生中継で歌を歌った。長渕は暗い教会堂のなかで、細身の体に黒い革ジャンを着て、黒いパンツをはき、「俺の祖国、日本よ、どうかアメリカにとけないでくれ」(「親知らず」)と怒鳴っていた。

東ドイツのひとびとが、喜びに酔いしれたのもつかの間だった。ソ連にとけかかっていた市民の日常生活は、今度は西ドイツにとけるところとなり、ひたすら混乱した。約一万三〇〇〇にのぼる旧東ドイツの国有企業は、信託公社という新組織のもと、統廃合がおこなわれた。総裁についたのは西ドイツの製鉄コンツェルン ヘッシュの社長デトレフ・ローヴェッダー。「死刑執行機関」とまで呼ばれた同組織の改革断行は、大量の失業者を生んだ。一九九二年一月の旧東ドイツ地域の失業者は一四・三万人(一六・五%)にまで増えた。ローヴェッダーは最後、何者かに暗殺された。西ドイツの極左RAFのテロともいわれるが、犯人は特定されていない。民営化された旧東ドイツの会社には、資本主義ビジネスで勝ちのこってきた西ドイツのつわものたちが乗り込んできた。

自己主張と自発的行動が、東のひとは苦手だ、と日本でドイツ語教師をする東ドイツ出身のフランク・リースナーは説明する(『私は東ドイツに生まれた――壁の向こうの日常生活』東洋書店、二〇一二年)。「西ドイツ社会では常識とされるメンタリティを自分のものとするのに、多くの東ドイツ人が四苦八苦していた……〝自己アピール〟という概念が、東ドイツ人には欠けていた。……堂々と自分を売り込む西ドイツ人と対比されると、東ドイツ出身者のつつましい態度は、いささか卑屈な印象を与えてしまっていたのだ……社会の変化に自分の変化が追いついていない。壁の崩壊後しばらくは、多くの東ドイツ人がこのようなフラストレーションをかかえていた」

壁が崩壊してみえてくるものによって、東西ドイツのひとびとの心のなかに壁ができはじめた。その挙げ句、東部住民を「オッシー Ossi」、西部住民を「ヴェッシー Wessi」と侮蔑的に呼びあうことが巷では日常になっていった。東側から西側へ移住し新たな人生を切り開く者もいたが、西側から東ベルリンへ移ってくる者はいなかった。

そんなオッシーの土地にあった学生寮に、わたしは住むことになった。ベルリン工科大学の自治会AsTAで、「どこでもいいから一番安い部屋を紹介してくれ」と頼むと、ここを紹介され、何も考えずに即決した。外国人排斥のメッカとなっているネオナチカフェ「ゲルマニア」が近くにあることや、夜になると静まりかえった団地群のどこからともなく酒瓶が割れる音が響き渡ることや、学生寮にはほぼアフリカ系黒人学生とモンゴル人しかいないことは、きてから知った。確かに部屋代は安かった。一〇階建ての団地の一室で、部屋の大きさは約三〇平米(約一八畳弱)。家賃は三五〇マルク(約二万円)。西日が入ってくる西向きの真四角の部屋で六階だった。窓からはアレキサンダー広場に立つテレビ塔がまっすぐにみえ、天気のいい夕方は部屋の白い壁に塔のシルエットができるのだった。

知らない土地にやってきて、孤独とつきあうのは自然なことだ。やり過ごすのにタバコと酒は必需品だった。東ベルリンの人間たちも満たされない思いをかかえていて、アルコールとニコチンの需要は高かった。だが、再統一して八年目のドイツのタバコは高かった。そこで、タバコの葉とペーパーとフィルターの一式を買ってきて自分で巻いた。これは安上がりだった。わたしが買うのは、オレンジのパッケージのインドネシア産ヤワンゼ Jawanse かオランダ産のファン・ネレ Van Nelle の赤だった。酒を飲んでいると手もちぶさたになるから、タバコをちびちび巻くのはいい手慰みになる。だが面倒なときもある。ふつうの紙巻タバコも必要だった。

寮の最寄りのS《エス》バーン（市内環状電車）駅ネルドナープラッツで、ベトナム人マフィアが売る闇タバコを買うようになった。九八年当時、赤いパッケージの West が闇で、一箱二〇本入り三マルク（約一八〇円）だった。ワンカートンなら二五マルク（約一五〇〇円）。ブラックマーケットだから、もちろん売るのも買うのも犯罪だ。正規品は West 一箱が五マルク（約三〇〇円）。しかも二〇本入りではなく、一八本入りだった。税金の関係で二〇本入りにすると五マルクと数ペニヒ。それを五マルクぴったりで売るとなると、二本抜くことになったわけだ。現地の貨幣価値としては六〇〇円くらいに相当する。はじめてドイツにきて正規品のパッケージを開けたときは驚いた。あらかじめ数本抜かれていたのだ。工場出荷時のミスなのかと思った。事情を知り、それにも慣れた。その点、闇タバコは優秀だった。一二〇円でありながら、きっちり二〇本入っている。この差は大きい。生活に直結する。ホウレンソウやキャベツの一〇円、二〇円の値段の高さを気にするのと同じことだ。

彼らがさばく銘柄は二つだった。ドイツで人気の West《ヴェスト》の赤、それに HB《ハーベー》。闇と知りつつ近所の人たちがよく買うため、次から次へとはけていく。たいていパッケージにはスラブ圏で使われているキリル文字か、ポーランド語の記載があった。ブツがポーランド、チェコ、ロシア、ウクライナから闇ルートで流れてくるからだ。

パッケージ自体は正規品と何ら変わらないが、開けて一本取り出してみると、ペーパーの部分に入った裂け目をセロテープや茶色いガムテープで補修してあることがあった。それをわたしは「当たり」と呼んだ。補強したタバコを眺めて、闇をおおいに意識しながら、これを売るベトナム人たちのことを考え、ロシアやポーランドあたりの、あまり清潔ではない闇工場でタバコをパックしている労働者たちを想像する。それを管理する工場主や買いつけにくるチンピラが、廃棄すべき不良品をみて、おい、これは、もったいない、どうせ貧乏人が吸うんだ、補修して一緒に詰めろ、とでも言っている風景を妄想するというわけだ。

もう一つ当たりがあった。West はメンソールではないにもかかわらず、メンソールの味がする一本に出くわすことがあった。これをわたしは「大当たり」と呼んだ。一瞬、口のなかとのどがスーッとする。そしていつもかかえている空腹が静かにおさまっていく。その昔、日本の仏道修行者は、石を腹に懐いて空腹を押し殺したという。そこから修行者の食事は懐石と呼ばれるようになった。わたしの場合は懐煙だった。

ベトナム人の売人たちの仕事の流れはこうだった。朝の六時と昼の一時の一日二回、運び屋が各所にブツをもってくる。たいてい庶民向けスーパーマーケットの Aldi《アルディ》 や Lidl《リドル》 の一番大きいビニールに数カートンを詰め込み、受け取った売り子たちは、それを人目のつかない街角の草むらや植え込みのなかにかくしておく。朝の通勤ラッシュにあたる八時から九時の間は、すぐに売り切れる。午後一時の仕入れ分は、暗くなるまで売り切れないこともある。もちろん店舗を構えているわけではない。売人らしく、決まった場所にたむろしているだけだ。Sバーンや地下鉄の駅の入り口、スーパーの入り口付近などがショバだった。たいてい二人か三人一組のグループで動く。ひとりが駅周辺を見回り、警察がきた場合、すぐに逃げられるよう合図を送る。もうひとりは金銭の授受。もうひとりが顧客からの注文を聞いて、隠し場所に走る。

隠し場所はその時々により異なり、ガードレールの裏のくぼみだとか、道の隅にあるごみ箱、道の植え込みの下、ガラクタが不法投棄されている一角などだった。みな一様に険のある顔をしており、するどい目つきであたりを睥睨しているが、アジア人のわたしがやってくると、一瞬表情をゆるめ、ひとつウィンクをして、親指を立てる。黒髪で、身長はみな一七〇センチあるかないかで、太めはおらず、ドイツ人のような大男は少ない。どちらかというとやせ型が多い。余計な声かけはない。目が合い、向こうがあごを軽く突き出す。こちらがうなずく。向こうが数を聞き、こちらが一箱と答え、三マルクを渡す。釣銭がある場合は、ズボンのポケットにためこんだ小銭がジャラジャラとでてくる。

彼らの多くはベトナム語なまりのドイツ語で、けっしてわかりやすくはないが、買うのに支障はない。なかに、一人だけドイツ語が抜群にうまい青年がいた。年齢は二〇歳前後。その青年は痩身ながら一八〇センチ近い体躯で、服にも気を遣っていた。彼はほかの売人たちとは違い、心を開いていて、人間的な交流ができた。

毎日顔を合わせているうちに、その青年と少しずつ立ち話をするようになった。短い秋が終わり、北ドイツのキツい冬が始まっていたある日の夕方だった。雪が降ったりやんだりしていた。気温はマイナス一、二度前後。わたしは彼に近づいた。ぶ厚い茶の革のジャンパーを着こみ、目まで隠れそうになるまでニット帽をすっぽりかぶり、首に三重四重に巻いたマフラーが大蛇のようにとぐろを巻いていた。そして団地群の四角い空をながめ、つまらなそうに唾を吐いていた。真新しいアディダスの白いスニーカーをおろしたばかりだったのか、ほこりをおとすような手ぶりをし、スニーカーに強くフッと息を吐きかけた。こうすればきれいになるんだ、と言わんばかりだった。

挨拶代わりに、彼は話し出す。このあたりは道がほこりっぽいからイヤなんだ。せっかく靴を新しくしても、すぐ汚れる。そう思わないか。わたしはうなずく。きみによく似合っている、と言うと、まんざらでもないという顔を浮かべ、このアディダスは昨日買ったばかりなんだ、と言って照れ笑いを浮かべた。客もこないし、話し相手が欲しかったのか、なんとなく身の上話になった。一二月に入りクリスマス休暇の話がどこでも出ていたから、わたしは彼に、休暇はどこかに行くのか、家族にでも会いに行くのか、と話をふった。屈託を感じさせる表情を浮かべて、彼は話し出した。

冬だけはドイツに居たくないけれど、ベトナムを訪問したいとも思わない。祖父母はベトナムでまだ元気に暮らしているけど、金もかかるし、帰ったところで、やることもないから。両親はドレスデンで暮らしているけど、親父は病気がちでね。連絡は取るけど、あまり会いに行くこともない。生まれはベトナムだが、二歳のときに両親とドイツにきて、二〇年たつ。親父は契約労働者さ。

彼も旧東ドイツに住む、ベトナム移民の典型的なひとりだった。契約労働者は、ベトナムと東ドイツの歴史の交差から生まれた、希望と失望に引き裂かれたひとびとだった。

ベトナムの近現代史は、乱暴にまとめれば、いつも独立闘争にあけくれた。フランスが遠くから侵略してきた。その後、日本軍がやってきた。日本軍が出ていくと、今度はアメリカがつぶしにかかってきた。それに抵抗したのは共産党を率いたホー・チ・ミンたちだ。ベトナム戦争でアメリカを追い出し、統一国家ができあがってずいぶん時間がたつ。ベトナム人たちの日本への観光旅行も普通になり、豊かになった現在も、国の名前はベトナム社会主義共和国でありつづけている。ベルリンの壁が崩壊するまで、ベトナムと東ドイツはコミュニズム思想の血をわけた兄弟国家だった。

両国の関係史を手みじかに追ってみよう。

一九四九年、誕生したばかりの社会主義国家東ドイツには仲間が必要だった。世界中で少しでも多くの国々と連帯していくことは、資本主義世界で苦しむひとびとを解放し、万国の労働者と団結する目的にかなうことであり、それと同時にその国々のもつ資源や労働力を東ドイツの経済成長のために役立てることでもあった。東ドイツは社会主義陣営のなかでも成功した国だった。ベトナムの民の目には輝く国であり、東ドイツへ向かうことは豊かな約束の土地へ向かうことだった。その流れはすでに一九五〇年代からはじまっている。

一九五五年、東ドイツ政府は、ベトナム人の九歳から一五歳の三五〇名の子どもたちをザクセン州の二つの施設に受け入れ、教育を施すことを約束。フランスからの独立戦争で功績のあった共産主義北ベトナム政府の高級幹部の子弟たちが送り込まれた。彼らは厳しい教育環境のなかで、未来のベトナムの社会主義国家建設に資する人材となるべく、エリート教育を施された。その流れは七〇年代もつづいていく。その一方で、東ドイツはいつも労働力が足りなかった。一九四九年の建国以降、東ドイツから西ドイツへの人口流出が止まらず、三四〇万人ものひとびとが東ドイツを出ていったとされる。労働力不足は深刻化した。これ以上人間を流出させるわけにはいかない東ドイツ政府は、一九六一年、ベルリンの壁建設に踏み切った。これで物理的に、東ベルリンから西ベルリンへ出ていくことができなくなった。

壁はどのように建っていたのか。地図上でおおざっぱにドイツを真ん中で縦に切ると、右が東ドイツ、左が西ドイツになる。ベルリンの町はドイツの右斜め上に位置し、東ドイツのなかにあることになる。だが、ドイツ帝国成立以来、ずっと首都でありつづけ、戦後、連合国（英米仏露）によって分断統治されたこともあって、ベルリンも縦に切って東西に分けた。その結果、西ベルリンだけが東ドイツのなかにぽっかり浮かぶ陸の孤島になった。東ドイツから西ドイツへ入る場合、東ベルリンから西ベルリンへ入った。そのため、ベルリンの壁は西ベルリンの町をぐるりと取り囲む形で建てられた。労働力不足に悩む東ドイツ政府は、共産主義国家の経済協力機構・経済相互援助会議（通称コメコン）加盟国と条約を結び、積極的に海外から労働力を受け入れた。その結果、ポーランド、ハンガリー、モザンビークといった国々からひとびとがやってきた。この労働者たちは、契約労働者Vertragsarbeiter《フェアトラークス・アルバイター》と呼ばれた。

一九八〇年、ベトナムとも条約を締結。その五年前の一九七五年、ベトナム戦争が終結した。国の活力は使い果たされ、みな生活は貧しかった。国外に活路を見出そうとするひとびとの一部は東ドイツへ向かった。彼ら彼女らは、縫製工場などテキスタイルを扱う軽工業や機械に囲まれた工場で働いた。ひかえめで実直、勤勉、手堅い仕事ぶり、生産性の高い労働力を提供し、東ドイツにとっては使い勝手のいいひとびとだった。一九八九年にベルリンの壁が崩壊するまでに、約六万人のベトナム人が東ドイツで働き、一〇万人のベトナム人が暮らした。

ベトナム人契約労働者の生活はハードだった。工場では名前ではなく番号で呼ばれた。契約労働者の労働契約は四年（一九八七年以降は五年）で、契約が終了するとベトナムに帰国することが前提となっており、長期の滞在権は与えられなかった。求められた技能労働者の年齢は一八歳から三五歳。家族もちでも家族を連れてくることは許可されていなかったが、ベトナム共産党の党員は例外で、子づれでくることもあった（例のタバコ売りの青年の親は、党員だった）。契約労働者にとって一番大切なことは、ベトナムの家族のもとへの物品の送付だった。東ドイツマルクが外貨として使えなかったため、もっぱら家庭用品、衣類、電気製品を購入して送ることが多かった。人気があったのはミシン、自転車、布、砂糖、洗剤、石鹸、モペッド（日本の原動機付自転車、いわゆる原チャリ）だった。滞在の最後には、縦横最大二メートルの高さの木箱で、最大一〇〇〇キロまで送付することが許可された。そのなかには水でとくと緑色の炭酸レモネード（日本の喫茶店でみかけるメロンソーダ）になる粉があり、親から送られてくるのを楽しみに待っていたベトナムの子どもたちは、これを飲むと「東ドイツはおいしい」と感激しあこがれた、という。

原則的にドイツ人との懇意のつきあいは制限された。東ドイツ側にしてみると、表向き社会主義国家同士の「同志愛」はあったものの、本音ではベトナム人たちを社会的にとけ込ませるつもりは当初からなかった。不足する労働力を埋めてくれさえすればよく、その事情を忖度したベトナム当局側も、人民同士の関係をよくするための努力は意図的にしなかった。

さらに契約労働者同士の結婚は禁止されていた。女性契約労働者の場合、妊娠すると中絶するか、帰国させられた。だが、働き盛りの若者たちに禁欲を強いるのは難しかった。あてがわれていた労働者住宅の門限は二二時というルールがあったものの、それが抑止になることはなく、中絶手術を受ける女性は後を絶たなかったという。ベルトコンベアの前で流産する女性や数回中絶を経験する女性もめずらしくなく、子どもを産めない体になってしまったというケースもあった。ドイツ人と恋愛関係になり、両者が結婚を望んだ場合は、煩雑な手続きや保証されている権利の放棄などの条件が立ちふさがり、あきらめざるをえないようになっていた。その壁を乗り越えて結婚したカップルもいたが、そのほとんどは東ドイツ人男性とベトナム人女性の組みあわせだった。

「人間ではなく、労働力としてしか扱われない」。このセリフを、わたしはどこでも聞いた。旧東ベルリン地区のみならず、旧西ベルリン地区のトルコ人移民労働者も同じことをいった。向上心の高さとまじめな性質もあり、それでもベトナムの契約労働者たちは実直に働いた。

面白い報告をネットでみつけた。専修大学経済学部の村上俊介教授が、社会関係資本研究論集第五号（二〇一四年二月）のなかで、ドイツで出版された『ニッチでの成果？　ＤＤＲと東ドイツにおけるベトナム人』（カリン・ヴァイス／マイク・デニス編、Lit出版、ミュンスター、二〇〇五）という研究論文集を紹介している。そのなかに、ダーミアン・マック・コン・ウラーというジャーナリストの「ＤＤＲにおける外国人契約労働者の日常経験――ベトナム人、キューバ人、モザンビーク人、ハンガリー人など」という文章があり、同じく契約労働者だったキューバ人たちの言動がどういうものだったかについて、人民警察当局の報告書を引用している。

それによると、「キューバの労働者たちは、工場労働者の生活に慣れていない。そのため労働規律、学習態度、自由時間のふるまいにおいてさまざまな問題が生じている。時間を守らない、労働時間内に持ち場を離れる、社内での禁煙規定を守らない、学習中の注意散漫などの特徴があげられる」「彼らは大声でふるまう傾向があるが、同僚たちにはそれがうるさい。キューバ人は何に対しても無頓着なところがあり、休憩中に歌を歌ったり、リズムをとったりする。彼らはリズムに対して感覚が鋭く、そばの機械がトントン音を立てていると、それに合わせてすぐに調子をとりだす。これをドイツ人たちはよく思っておらず、注意すると言いあいになる。それでいったんは止まるのだが」

きっと注意されたことなどわすれて、彼らはまたすぐに冷たい機械を太鼓がわりにたたいてリズムをとり出し、ドイツ人をはさんで向こうにいる別の同僚とウィンクしあい、キューバの恋の歌でも歌ったのではないか。やれやれといった表情をうかべたドイツ人の舌打ちが聞こえてきそうだ。そこには社会主義も資本主義も体制も国家もつけいるすきのない、人間らしい自由が感じられる。ベトナム人の隣人には、こんな同僚たちもいたのだ。

一九八九年、ベルリンの壁が崩壊した。風景は一変した。

自由と民主を手にして、歓喜に酔いしれたのもつかの間、多くの東ドイツ市民が失業した。社会主義的な国策による労働環境のなかで、それまで失業を経験したことがなかった一般市民（もちろんどんな世界にも例外はあり、仕事もせず昼間から酒瓶をかかえて駅の周辺をうろうろしている男たちは東ドイツにもいたそうだが）は、明日からどう生きていけばいいのかわからないまま、不安で身を引き裂かれるような思いを味わっていた。

そしてベトナム人契約労働者たちは邪魔な存在となり、さらに過酷な状況に突き落とされた。彼らは生きるすべを失った。契約も、労働許可書も、滞在ビザも、働いていた工場も。混乱がつづくなか、新ドイツ政府による東ドイツにいた外国人契約労働者への対応は後まわしになった。一九九一年一月より施行された改正外国人法によると、八年間の滞在経験があれば、滞在権が付与されるが、これは西ドイツ側のガストアルバイター（外国人労働者）を対象にしており、あらかじめ東ドイツの外国人契約労働者は五年で帰国することが前提となっていたため、ベトナム人たちに滞在権は与えられなかった。帰国するために一回限りの支援金三〇〇〇マルク（約一八万円）と、純賃金の七〇％を約束するくらいしか、方策はなかった。

壁が崩壊した一九八九年一二月当時、約五九〇〇〇人いたベトナム人契約労働者は、東西が統一された一九九〇年、公式には、そのほとんどは帰国の途に就いたとされる。だが混乱期の現実は、当局の統計ではすくいきれない。東西の国境が解放されたことにより、いったん旧西ドイツ側に入り、また旧東ドイツ側の元居た場所に戻ってきて新しい人生を模索する者たちもいた。庇護権申請を出した者も多かった。いったんベトナム本国に帰ったものの、そこでの可能性を見出せず、再びドイツに舞い戻るケースも後を絶たなかった。結局のところ、二万人を超すベトナム人たちが壁崩壊後も旧東ドイツ地域に残留する形になった。とくに東ベルリンのリヒテンベルク地区はその典型的な場所だった。

ドイツ人とのつきあいが限定されていた彼らは、何年いてもなかなかドイツ語力がアップしなかった。言葉の壁と高い失業率に囲まれ、誰の力も借りずに自立していく上でやれることは限られていた。店賃を払う必要のない路上に、小さな露店をつくってものを売った。布や安い雑貨を売り、キオスクを営み、屋台を組み立て軽食をつくって売った。

個人がいくら努力しても、どうにもならない状況があり、闇の仕事に手を出す一部のひともいた。

闇タバコの売買は、そうした状況から生まれてきた商売だった。正規のタバコの値段が値上がりし、かつまた多くのひとが喫煙習慣をもっていた時代だった。東西が分断されていた時代、統計上は東ドイツと西ドイツの男性の喫煙率に差はなかったが、女性に関しては西の方が東の女性よりも喫煙率が高かった。それでも一九九〇年前後、再統一直前の東ドイツ国内では一年に三〇〇億本のタバコが生産され、西側の調査報道誌『シュピーゲル』は、「東のひとびとに不満がたまればたまるほど、タバコはたくさん作られる」と揶揄したほどだった。再統一後、今度は、旧東ドイツ地域の女性の喫煙率が旧西ドイツの女性に比べて急速に上昇しはじめ、一九九二年から一九九八年の間に四二％増加したという（「社会経済パネル Sozio-oekonomische Panel（通称 SOEP）」、DIW 調べ）。

タバコは一般にまだ需要が高かった。そこに目をつけ、闇タバコを拠点に闇ビジネスを得意とするマフィアたちが勢力を伸ばし、一九九四年には闇タバコ市場の売り上げは一億マルク、約六〇億円にまで膨れ上がり、一大マーケットになっていた。

一九九二年、ドイツにおける闇仕事を取り仕切っていたベトナムマフィアのボスが殺され、その後、ベトナムマフィアは三つのグループに分裂。ベトナム人同士の抗争事件が頻発するようになった。マフィアたちはどこへでもヒットマンを送った。旧東ベルリンの高層団地のなかであれ、カフェであれ、路上であれ、ベトナム人の死体が横たわった。なかでも一大勢力を誇ったンゴック・ティエン・グループを率いたレ・デュイ・バオは容赦のない無慈悲ぶりから、皮肉を込めて「慈悲深き男」と呼ばれた。バオは現在、無期懲役刑の囚人として鉄格子のなかで暮らす。

殺人事件やベトナムマフィアの抗争は大衆紙やメディアにとっては格好のネタだった。ほんの一握りのベトナム人の行動だったが、世間ではベトナム人といえば闇タバコ売りというイメージが定着し、風当たりの強さを助長した。一九九七年に公式に滞在権が発行されるまで、ベトナム人契約労働者の身分は宙に浮いた。庇護権申請中という中途半端な状態の者が多く、不法滞在になるかならないかのグレーゾーンで暮らす者がほとんどだった。ドイツ市民から注がれる視線は厳しかった。

そこには旧東ドイツ人がもつ根深い外国人への憎悪、敵対心、排外意識がある。そのきっかけになったのがソビエトのロシア人だった。ソビエト占領時代、ロシア人たちは、東ドイツにいた少数の共産主義者たちを手足にして東ドイツを統治した。支配者ソビエトは絶対だった。フランク・リースナーの『私は東ドイツに生まれた――壁の向こうの日常生活』によると、東ドイツが一つの国として独立した後も、ソビエト兵によるドイツ人女性のレイプ、略奪行為は頻繁に起こった。シュタージ（旧東ドイツの秘密警察）が一九八四年に調査したところ、この年、ソビエト兵による犯罪は三三七七件確認されている。ソビエト軍の軍用車両による交通事故も多発し、多くのドイツ市民が巻き込まれた。だが、どんなにロシア人に非があろうと、ロシア人を東ドイツの裁判所で裁くことはできなかった。ソビエト兵の事件はすべてソビエト軍の管轄であり、手出しはできなかったのだ。これはトラウマになった。

もう一つよくいわれることがある。それは東ドイツ人の心のなかに、人種の優劣を信じるナチ的思考が温存されたということだ。東ドイツ政府は言明した。ドイツ民主共和国はナチス政権下のドイツとはまったく別の国家であると。そのため独裁的単独与党・社会主義統一党ＳＥＤは、ナチス・ドイツの犯罪に対する歴史的責任をつねに否定し、その帰結として、賠償金はどの国にも頑として支払わなかった（ソビエト連邦への賠償金の支払いは別）。なぜか。ホロコーストで弾圧されたのはユダヤ人だけではなく、東ドイツをつくった共産主義者もそうである。ナチとは敵対してきたという理屈だ。そして、そのように教育現場でも教え込まれた。西ドイツにおいてさんざん語られてきた「過去への反省」はおこなわれなかった。実際のところ、権力を握ることになる共産主義者は元来少数派であり、東ドイツの一般市民の大半はかつてナチス・ドイツの支援者か賛成者であったのだが、政府の喧伝する「われわれはナチとは無関係」というスローガンのなかに潜り込むことで、良心の呵責に苦しむ必要から解放された。その結果、皮肉にも庶民レベルでは人種論を標榜するナチ的心象風景が残り、外国人への差別感情がことあるごとに吹き出した。

再統一後、旧東ドイツ地域にネオナチグループが増えつづけたのもそのあらわれだといわれる。彼らの攻撃対象になったのが、弱い立場のベトナム人たちや外国人だった。

象徴的な事件がある。一九九二年八月、旧東ドイツ地域ロシュトックのリヒテンハーゲン地区にあるベトナム人契約労働者家族と庇護権申請中の外国人たちが住む高層アパート群、通称「ゾンネンブルーメンハウス（ひまわりハウス）」が、ネオナチたちに襲撃された。火炎瓶が飛び、車が燃え、建物が火に包まれた。事件は一日で収束に向かうどころか、二日目からさらに激化。ネオナチと警官隊の攻防はひとびとをくぎづけにし、野次馬だった住民たちが心情的にネオナチたちを支持しはじめた。一般市民までもが暴徒化した。公共放送ＺＤＦのテレビカメラが襲撃を受けているアパートのなかに潜入し、暴漢たちと血を流すベトナム人たちを映し出した。事件は異様な熱気をはらみ、ドイツ社会における移民問題の根深さを浮かび上がらせることになった。

この事件は「ポグロム」と呼ばれる。この言葉は、特定の民族に対する集団的迫害行為を意味するが、近現代の歴史のなかでは、一般的に帝政ロシアやナチス・ドイツのユダヤ人迫害を指すことが多い。帝政ロシアでは民衆のコントロールの道具として反ユダヤ感情を官憲たちがあおったし、ナチスも同様、市民の生活苦の原因をユダヤ人に押しつけることでガス抜きをはかった。ベトナム人をはじめとする外国人を相手にした「ロシュトック・リヒテンハーゲン暴動」においても、この当時、キリスト教民主同盟（ＣＤＵ）とキリスト教社会同盟（ＣＳＵ）が、六〇〇〇万部の発行部数を誇っていたタブロイド紙『ビルト』で、反移民キャンペーンを打っており、政党とメディアが組んで反外国人感情を刺激していた面もあった。

ロシュトックはドイツの北東部に位置するバルト海に面した港町で、中世はハンザ同盟の中心都市であり、東ドイツ時代も二五万人の人口をかかえる最大の港湾都市だった。だが再統一後、国有企業の多くは閉鎖され、失業率は一四・三％に上昇。暮らしが成り立たず、町を出る住民も後を絶たなかった。そのなかで約一七〇〇人の外国人が暮らしていた。東ドイツ時代に契約労働者として入ってきたひとびとで、国籍はアンゴラ、モザンビーク、そして一番数の多かったのがベトナムだった。

事件の起きたゾンネンブルーメンハウスは高層アパートの一つで、そこに一九九二年、メクレンブルク・フォアポンメルン州立庇護権申請者受付センター（die Zentrale Aufnahmestelle für Asylbewerber（ZAst））が開設された。庇護権を申請する外国人の申請書を受けつけ、手続きをする役所だ。行き先が決まるまでの仮の宿泊所として、一五〇人が寝泊まりできる部屋も用意されていた。だが、開設と同時に申請者が押し寄せ、宿泊施設はすぐ満杯になった。それでも多くの外国人がつめかけた。行き場のない彼らはセンター周辺にキャンプをしはじめた。目立ったのはルーマニアからきたロマたちだった。彼らの流儀で煮炊きをし、公衆トイレもなかったために周辺住民や市民たちがストレスをかかえだした。町も重い腰を上げ、仮設住宅の建設などに着手したものの、膨れ上がる外国人問題は一向に落ち着くめどが立たなかった。

暴動の一週間前。極右組織がリヒテンハーゲンやその周辺に「ロシュトックはドイツ人のものだ（Rostock bleibt deutsch）」と書かれた一〇万枚のビラを配り、市民にアクションを呼びかけた。その件は地元紙も報道し、「もし週末（八月二二日、二三日）までにセンターを閉鎖しない場合、こっちは黙っていない」というメッセージが何度も記事にされ、当局も承知していたはずだった。だが週末になると、警察の上層部の人間たちはみな旧西ドイツ地域の自宅に帰宅した。再統一後、旧東ドイツ地区の警察の上層部に着任したのは、みな西ドイツの人間だった。

そしてネオナチは動き出した。北ドイツ放送（ＮＤＲ）のネットニュースの特集記事（二〇一七年八月二二日掲載）を参考に、ざっと事件経過を追ってみたい。

一九九二年八月二二日、土曜日、午後八時。ブルーメンハウス前にネオナチやその関係者が約二〇〇〇人集結。そのなかの二〇〇人がセンターに向かって投石を開始。周辺住民も声援を送る。居合わせた警察官では対応しきれず一時撤退。

同日、深夜。一五〇人に増えた警官隊が投入されるも、暴徒の勢いを止めるにいたらず、午前二時に隣町シュヴェーリンから放水車が到着し放水開始。午前五時になって、ようやく警察側が事態を掌握した形になった。

八月二三日、日曜日、正午。一部暴徒がブルーメンハウス前で暴れだした。彼らは西ドイツの有名なネオナチリーダー、クリスティアン・ヴォルヒらに支援を受けているグループだった。午後になると地元の一般の若者たちが暴徒に合流し、センターと宿泊施設への攻撃は過激化。午後八時になると暴徒は約五〇〇人に、野次馬は三〇〇〇人に膨れ上がった。夜になっても、投石と火炎瓶による攻撃は止むことがなく、警官隊も攻撃を受けた。二二時三〇分。メクレンブルク・フォアポンメルン州内務大臣ロータール・クプファーが州全土に警戒警報を出す。午前二時、ハンブルクの警官隊と国境警備隊の支援部隊が到着。暴動を鎮圧。

八月二四日、月曜日、午前。宿泊施設の外国人住民らは避難のために、ぞくぞくとブルーメンハウス前に集合したバスに乗り、町を離れた。午後には庇護権申請受付センターはもぬけの殻となったが、その隣に面していた宿泊施設にこもったベトナム人住民は避難できずに、とどまったまま。夕方になると再びネオナチメンバーたちが集まりだし、警官隊との乱闘に発展。数千人の野次馬たちがネオナチのスローガンを叫びだす。警官側にも負傷がではじめる。二一時四〇分ごろ。警官隊がいったん撤退したところ、暴徒がベトナム人たちの宿泊施設に集まり、攻撃開始。建物のガラスを割って、火炎瓶が投げ込まれたため施設が炎上。二二時。燃え上がる建物には子どもを含む一二〇人のベトナム人が残されている。なかから事件を報道していたＺＤＦ放送のクルーが、右往左往するベトナム人たちを映し出す。建物の前に消防車が到着しているが、暴徒たちが行く手をさえぎり、消防作業に着手できず。非常口を破壊してベトナム人たちが避難開始。二三時、警察の支援部隊が到着。宿泊施設前の暴徒を鎮圧。消火作業開始。各階には、避難をあきらめた多くのベトナム人たちが隠れており、消火作業の放水でびしょぬれになって野次馬たちの前に出てくる。奇跡的に死者は出ず。

八月二五日、火曜日。暴動続行。

八月二六日、水曜日、午前二時。警察側は放水車のみならず催涙弾も遠慮なく使用。真夜中になり、ようやく五日間つづいた暴動は終息した。結果的に、一部暴徒のはねあがりではすまなかった。傍観していた市民たちも、一部は暴徒化した。メディアのマイクを突きつけられると、男も女も若い者も老人も、「自分は人種差別主義者ではないけれど」と断りと入れたうえで、みな一様に「外国人のせいで仕事がない、困っているのだ」と答えるのだった。ベトナム人たちの不安な姿、そして憎しみにとり憑かれた旧東ドイツ市民たちの姿。どちらも時代を象徴した。両者とも、ドイツ民主共和国（東ドイツ）が消滅することがなければ、安定した将来が約束されていたはずだった。社会主義国家がつづく限り、「失業」は存在しない話だったのだ。

ロシュトック・リヒテンハーゲン暴動から六年後の一九九八年、わたしは旧東ベルリン地区リヒテンベルクのコピー通りにある学生寮に住みだした。そして日常的に町に暮らすベトナム人たちとすれ違うことになった。彼らがどういう過去をもって暮らしているのか、当時はまったく知らなかった。

タバコ売りのアディダスのスニーカー青年と立ち話をするようになったある日、名前をたずねた。「タムだ」と彼は言った。「Jだ、よろしくタム」「よろしく、J」わたしは不思議な喜びを感じた。

闇タバコを介した売り手と買い手の関係とはいえ、同じアジア系外国人の同世代であり、海外にいるとそれだけでお互い安心感を覚えることがある。タムと話をするようになってから、自然とベトナムの彼らに親近感を抱くようになった。と同時に、自分のアイデンティティが日本人という枠からはみ出して、アジア人というもう少し大きな枠のなかへ広がっていく気がした。気持ちがよかった。

「ほかのベトナム人はあまりドイツ語がうまくないようだけど、きみがそんなにうまいのはなぜ？」

とわたしは聞いた。

「オレは生まれはベトナムだけど、子どものころにこっちにきているんだ」

「いつのこと？」

「ベルリンの壁が崩壊する直前さ」

単身で渡独する契約労働者が多いなか、タムの親は共産党員であることから子弟として優遇措置をうけて例外的についてきた、という。壁の崩壊後、親たちは国へ帰ろうとしなかった。庇護権申請がなかなかおりなかったために社会的な地位もなかった。タムは、公立中高《ギムナジウム》へ行き、ゆくゆくは大学へ進む気持ちをもっていたがそれもかなわず、ストリートで暮らすことが増えていったという。闇タバコ商売を手がける人物に声をかけられ、軽い気持ちではじめているのだった。小間物商売で爪に火をともして、なんとか暮らしている親たちをみて、若い者がやけっぱちになるのは自然のことかもしれない。

「やりたくないけど、ほかに何もないんだ。なめられたくないから、少し金も欲しいし」

よくわかる。何とかならないものか。

ある夜、ネルドナープラッツの駅のホームで、ドイツ人の三人組に声をかけられた。

「タバコがほしいんだが」

わたしは、単にたかられたのだと思った。ベルリンでは、若者や失業者など懐の寒い者たちが、タバコを吸っている赤の他人に、一本めぐんでくれと頼むことは普通のことだった。だが違った。

「ヴェスト、三箱」とその男は言った。

一瞬、わたしは頭にはてなマークが浮かんだが、すぐに合点した。闇タバコ売りに間違えられたのだ。わたしがタムとよく一緒に立っていたから、一味に間違えられたのかもしれない。

「Nein（ノー）。ぼくはタバコ売りじゃないんだ」とわたしは言い、タムたちがたむろする場所をみたがもうすでに無人だった。男は舌打ちした。そして押し殺したような声で、わたしに向かってこう吐き捨てた。

「ベトナム人は臭えんだ」

「……」

わたしは何も言えなかった。怒りをあらわにすべきだったたか。多少手荒なマネをしたところで、まっとうな抗議だったはずだ。なのに、わたしはまるで金縛りにあったように動けなかった。わたしがこれからずっと身を置く土地から受けた、拒絶のメッセージに思えた。それは大げさな思い込みにすぎなかったのだが、このときはきつかった。この手の人間はドイツに限らずどこにでもいる。でも、どうにもならなかった。駅に突っ立たまましばらくすると、プラットフォームに電車が入ってきた。疲れた表情をした紺色のつなぎの作業着を着た男がふたり降りた。そしてまた電車が出ていった。

わたしは我に返ったように、学生寮に向かって歩き出した。街の灯は暗く、光の範囲をぬけると自分の影は闇にとけてしまった。腹のなかの怒りだけが、煌々とあたりを照らしているようだった。タムたちと自分が傷つけられたように思った。ベトナムをなめるな、いざとなればアメリカの二の舞にしてやるぞ、とわたしは自分がベトコンにでもなったような気分で怒っていた。

外国に住むと、多かれ少なかれ自分の国を強烈に意識せざるをえなくなる。誰も知り合いがおらず、言葉もつたなくて現地にとけこめない日々は、心が弱っているだけに、日本《ふるさと》を思う。そして日本《ふるさと》を基準にして、ドイツの悪いところを批判する。差別を受ければ、さすがナチの国だ、と嫌味を言う。即席の愛国者になるのだ。日本に暮らしていたときは、日本の悪口ばかり言っていたはずだったのに。だがベトナム人との出会いから、即席の愛国者は卒業して、今度は即席のアジア主義者になっていた。ベルリン滞在が五年をすぎるあたりからそれも卒業してコスモポリタン的になっていき、国や地域や人種や性別といった属性による区別や差別はどうでもよくなっていくのだが、それはまだ先の話だ。

とはいえ、現地の人間の目からすれば、そうはいかない。外国人に一瞬投げられる視線のなかに、声に出さずとも、こんな問いが混じる。

おまえはどこからきたのか？　おまえは何者なのか？

頭のなかは零コンマ何秒で、一気に相手を値踏みする。

肌の色でアジア系なのか、アフリカ系なのか、白人なのか、ラテン系なのか、アラブ系なのかを判断する。次にその人間がどこの国出身なのかを気にして、国柄、性別、年齢、目つき、格好、体つき、仕事、社会的地位、宗教など、判断するための問いが自動的に設定され、相手が危険なのか、危険ではないのかを瞬時に判断する。そこにはときに差別感情が入り、ときに誤解が生じ、ときに思い込みがまじる。そうした属性には、社会や歴史や教育やメディアによってあらかじめ与えられた意味が担わされているからだ。わたしも当然そういう視線にさらされていたのだった。

タムとはよく立ち話をした。たわいもないことを語った。取り締まりが入って、数日いなくなることがあったが、またひょっこり同じ場所にあらわれた。警察とはいたちごっこだった。

その日、タムはいなかった。見知らぬ、太めのベトナム人がガードレールに座っていた。

「ヴェストをふたつ」

タバコを受け取り、金を渡すと、わたしはたずねた。

「タムは?」

「誰のことだ?」逆にたずねられた。

「ここで最近までタバコを売っていた若者のことだ」

「さあ、知らないね」拒絶する声音だった。

「もう、タムには会えないのかな」

「知らないって言っているだろう。しつこいやつだな。ここにいたやつは、逃げてるだろうよ」

「どういう意味?」

「そういう意味だ。さあ、行きな」

「……」

やはり住む世界が違うのだろうか。タムがいなくなり、別のグループがショバをうろつくようになって一週間後のことだった。ベトナムマフィアによる内部抗争で、一人が銃弾に倒れた。現場はカール・マルクス・アレーだという。翌日の大衆紙には、血の海にたおれている男の写真が、遠くからのショットで写っていた。顔は服の襟に隠れてみえなかった。

遺体はデニムとアディダスの白いスニーカーをはいていた。何度も見返した。タムが毎日身に着けていたものと同じだった。

その事件以降、わたしは買う場所を変えた。Ｓバーンから地下鉄に乗り換えるワルシャワシュトラッセで買うようになった。

タムの行方は、ようとして知れなかった。

第二章　ある地下鉄ミュージシャンの来歴

一九九九年、冬。世紀末のベルリンに小雪がぱらついていた。午後四時過ぎだ。もう、あたりは暗くなりはじめている。灰色の夕暮れを、老朽化した地下鉄が走っていく。カーブにさしかかると、レールは思い切り悲鳴をあげる。車両でゆられるひとたちの胸の奥を代弁して、地下鉄が叫んでいるようだ。助けて！　と。

車内は効きすぎの暖房のせいで暑い。外はマイナス二、三度なのに汗ばむ。壁には「あなたに一〇〇〇マルクまでの謝礼金を」と、金額が大文字で書かれた告知がはまっている。六万円相当だ。安くはない。その下には小さな文字で説明がついている。

「一部の乗客による電車への破壊行為により、ＢＶＧ（ベルリン市交通局）は毎年数億マルクの補修代を払っています。落書き、グラフィティ、シートの皮革ポルスターの引き裂き、窓ガラスの損傷など、破壊行為が後を絶ちません。あなたが目撃したら、どうか見逃さず、以下までお電話を。犯人逮捕につながった場合は、一〇〇〇マルクまでの謝礼金をお支払いします」

セキュリティセンターと警察の電話番号が記載されている。その告知の上には、きちんと赤いスプレーで「Aschloch（アッシュロッホ、直訳すればケツの穴、〝くそったれ〟を意味する侮蔑語）」と落書きしてあるのだった。車内には、グラフィティの文字や絵があちこちにちらばっている。大半は力量のあるものとはいいがたい。スマホのない時代だった。地下をゆられながら、ひとびとは新聞を読むか、本を読むか、数独（ドイツでも“Sudoku”と呼ばれる）かクロスワードパズルをやるか、しんねりむっつりしているかなのだ。

ほこりくさい車内のにおいをかいでいると、自分が映画『ベルリン・天使の詩』（ヴィム・ベンダース監督、一九八七年）の天使にでもなった気になってくる。誰からもみえない透明な存在になって、空から町を見下ろしたり、地下鉄に乗ったりしながら、昔のことや目の前のリアルなことに目や耳を傾けてみるのだ。

地下鉄にだって生きてきた歴史がある。ざっとめぐってみよう。

ベルリンの人口は九九年当時約三四〇万人（東京二三区の約四割程度）、町の面積は八九一㎢（東京二三区の約一・四倍強）。そのなかを都市高速鉄道Ｓ《エス》バーンと地下鉄Ｕ《ウー》バーン、トラム（路面電車）とバスがくまなく結ぶ。ベルリン市内を移動するのに車はいらない。

交通事情にもベルリン分断時代の面影が残る。旧西ベルリン地区ではＵバーンの整備が充実してトラムが廃止されたが、旧東ベルリン地区では財政難のために地下鉄の整備が進まず、今でも多くのトラムが現役だ。ＳバーンとＵバーンを合わせたベルリンの路線図は、おおざっぱにみれば東京に似ている。ヨドバシカメラのコマーシャルの通り「まるい緑の山手線、真ん中通るは中央線」が東京なら、ベルリンでは、一周約三六・九キロの、角のまるまった横長の弁当箱のような環状線がぐるりと周辺部をまわっていて、都心部に乗り入れる東西線と南北線が貫通する。そして、各ターミナル駅が縦横に交差する。基本は同じ構造だ。

　両者には縁があった。東京の鉄道網のグランドデザインの提案者のひとりに、ベルリンのSバーン建設工事に携わったドイツ人鉄道技師フランツ・バルツァー（一八五七―一九二七）がいる。明治政府から招聘を受けて来日、逓信省鉄道作業局の技術顧問に就任した。バルツァーはベルリンの鉄道網を東京にも応用し、その提案は実行されていく。東京駅と新橋駅をつなぐ赤レンガ風のアーチがつづく高架線もバルツァーの設計で、ベルリンのSバーンの風景とそっくりだ。ガード下の利用もベルリンからもち込んだ発想だった。

　Sバーンの下にはUバーンが縦横無尽に根を生やす。現在一〇ライン、一七三駅を結び、総距離一四六キロを走る。ベルリンの地下鉄整備は、のちのグローバル企業シーメンス（ドイツ語ではジーメンス、ないしズィーメンスが正しい発音だが国際的には「シーメンス」という英語読みが定着している）を創業することになる電気工学者で実業家ヴェルナー・ジーメンスが一八七九年に研究着手し、紆余曲折を経て一九〇二年に、ポツダム広場～シュトラーラウ門の間に開通したのがはじまりだ。現在もそこをU1線とU2線が走る。ドイツでは初、世界ではロンドン、イスタンブール、ブダペスト、ボストン、パリに次ぐ第六番目の地下鉄だった。建設着工時、予定地の地盤が砂地のせいでもろく、地下トンネル建設には適さないと判断されたため高架式になった。のちに地下鉄は文字通り地下を走るようになるが、現在でも地下鉄は地下と外の高架の両方を走る。二〇世紀の初頭、イギリス、フランスに出遅れながらもこれから大国化していくドイツの都を彩る風景として、地下鉄とSバーンは、颯爽と時代の先端を走りはじめていた。戦争の被害も受けた。ベルリン市街の鉄道網は約一七%、車両と駅施設の七〇%が、連合軍による空爆とソビエト軍との地上戦により町もろとも破壊された。

一九六一年のベルリンの壁建設による東西分断も、ベルリン鉄道史が経験した一幕だった。八月一二日は土曜日だった。この日の夜から一三日日曜日の未明にかけて、東ドイツ政府の国家人民軍が突然、国境線の鉄道信号所を占領した。最終列車が通り過ぎると、国境を閉鎖し、東西をつなぐラインをすべて遮断。週末だったこともあり、西ベルリンの人間が東ベルリンへ、東ベルリンの人間が西ベルリンへ、友人や親もとを訪ねていた。国家人民軍は、もとの場所へ戻る人間に関しては国境を越えさせることにした。こうしてSバーンもUバーンも分断された。Sバーンの駅ではフリードリヒ駅のみが東西をつなぐ結び目となり、国境検問所が設けられた。東ベルリンへ乗り入れる電車のホームのまわりには監視塔や司令塔が立ち、人民軍の兵士たちが銃を片手に監視しつづけた。東ドイツの国家人民軍も国境も監視塔も、今はない。

ドイツ再統一後、分断前に復帰する形で、駅の閉鎖はとかれた。だが旧東ベルリン側の修復工事には時間がかかった。一九九九年当時も、まだ駅のプラットホームの補修工事はつづいており、フリードリヒシュトラッセ駅やハーキーッシャマルクト駅に行くと、工事現場から電車に乗る感じだった。

そんな風景のなかを、世紀末、西ベルリンの地下を東に向けてU2線が走っていく。車両が地下を抜けて地上に出ると、グライスドライエック駅(三角線の意。三角形の形状の線路のこと)の到着を前に、オレンジの車体を冷たい雪にさらし、黒ずんだ鋼鉄の鉄橋にさしかかる。

そのとき、鉄の構造物がきしむ。キキキキキキィ。

鉄橋とそれを支えるレンガ造りの支柱は一九世紀につくられた。一九〇二年の地下鉄開業以来、ずっと今まで使われつづけてきた代物だ。ベルリンのひととと歴史の一〇〇年分の重みに耐えかねて、電車が通るたび、悲鳴を上げているように聞こえる。鉄橋の眼下には数十年前に廃線になったいくつもの貨物列車のレールが、冬枯れの雑草のなかに埋もれている。ここは映画『ベルリン・天使の詩』のワンシーンで天使がおりた場所だ。客待ちをするストリートガールが、去っていったボーイフレンドのことを思っている心の声を、天使がじっと聞いている。現実でも、女たちやドラッグディーラーたちがうろつく場所だ（二〇一四年、あたり一帯は家族づれも遊べる健全な公園に変わった）。

電車はＵ１線と交差するグライスドライエック駅にすべりこんでいく。停車して扉がひらくと、突然、アコースティックギターをかかえたアジア系の若いストリートミュージシャンの青年が乗り込んできて、客席を見渡した。小柄な体はばねがあって俊敏そうだ。柔和な表情を浮かべ、黒い瞳が静かに光る。前口上はなし。ギターに手をかけて、電車が動き出すのを合図に歌いだしたのは、トレイシー・チャップマンの『Baby Can I hold you』だった。「ごめんねって、／あなたはそれしか言えないの？／こんなに長く一緒にいるのに、／あなたの口からは簡単に言葉が出てこない。／ごめんね、とか許して、って、／あなたは、それしか言えないのね」

ブラック・アメリカンの歌を歌うジャカルタ生まれのストリートミュージシャンの声は、客車にこもる暖房とひといきれでむんむんする空気を浄化する。

耳を傾ける者たちは、思い思いの反応をする。またはじまったよ、と舌打ちするのはペンキだらけの作業着の男だ。眉間にシワを寄せて、ベルリンの日刊紙『ターゲスシュピーゲル』をにらんでいるスーツ姿の男の磨き抜かれた革靴が、歌にあわせてリズムをとっている。ティーンの三人娘たちは、さきほどまでロベルトだの、ダニエルだの、スェンだのと、学校の男子生徒らしき名前をあげて、ストレートな言葉で品評に余念がなかったが、歌がはじまったとたん、みなで一緒に歌いだした。

歌は流れ、電車は進む。

歌手は二駅分の時間を使って、一曲だけのライブを終えると一言、「ダンケ《ありがとう》！ どうか気をつけて！」と明るく告げた。そしてコートのポケットからプラスチックのコーヒーカップを取り出し、乗客たちの前をゆっくり歩く。集金タイムだ。無関心だと思われた中年女性が、二マルクを入れた。「きみ、うまいね」と一〇ペニヒ硬貨を数枚ジャラッと入れる学生もいる。作業着の男が、飲みかけのベックスのビール缶をつき出して、飲むか？ とたずねた。歌手は苦笑いを浮かべて首を横にふり、男は手を引っ込めた。小銭がチャリンと音をたてるたび、「ダンケ」と顔をくずして笑いかけるストリートミュージシャンは、集金を終えると最後に「今日もよい日を！」と言い残し、また別の電車へ乗り換えた。

今日のストリートツアーはまずまずの出足だ。いつか大きな舞台に駆け上がることを夢みながら、駅の階段を駆け上がる。

サンディー・ソンドロ（Sandhy Sondoro）、二五歳。インドネシアのジャカルタに生まれた。ジャカルタの高校を卒業した後、将来をさがし求めてヨーロッパに出た。アメリカを目指す者も多かったが、弟から「コカ・コーラを飲んで、マルボロ吸って、バンダナを巻いてバイクに乗っているおじさんばっかりいる国じゃ、何も学べないだろう」と言われてやめた。一年ほど南ドイツの小さな町ビーベラハ・アン・デア・リスでドイツ語を学び、その後、ベルリン工科大学の建築科に身を置いた。幼いころから建物の絵を描くのが好きだった。

それでも、あきらめきれない夢があった。ミュージシャンになる夢だ。インドネシアのジャカルタで高校生活を送っていたころに一通りバンド活動は経験した。ギターとヴォーカルを担当したが、歌っている最中、一瞬自分が消えて声そのものになっている気がすることがあった。仲間の音とリズムと自分が混じって宙を舞うような感覚だ。そんなとき、みなから激賞された。一緒に楽しんだ仲間たちは、みなそれぞれカタギの仕事や進学に散った。自分も勉強のためにドイツにきた。だが、夢は時間がたつにつれて消えていくどころか、ますます、あらがいがたく強いものになっていった。

ある夏の夕方のことだ。スーパーマーケットでのバイトに遅れていくことが重なってしまい、とうとうクビになった。ドイツ人は本当に時間に細かいな、と苦笑しながら自転車でアパートに戻る途中、路上で演奏しているドイツの若者たちをみた。足を止めた。アコースティックギター二本に、シンプルなドラムセットを並べて楽しそうに演奏している。彼らを取り囲んで、いろいろな年齢層の男女が十数人ほど足を止めて聞き入っている。冷やかし客たちは少し聞くと、ギターケースのなかに小銭を投げ入れ立ち去っていく。なるほど、これはありだ、と思った。

彼らが片づけはじめたところで、声をかけた。

「一緒にプレイしないか」

「いいね。楽器は？」

「ギターも弾くし、ヴォーカルもいけるよ」

「OK、じゃあ週末にまたここで」

音楽好きに壁はない。あらためて自己紹介をして、握手でわかれた。何かがはじまる予感がした。

ギターが手元になかった。買う金がない。同郷の知り合いの留学生に安物のアコースティックを借りることにした（このギターは、一〇年後、欧州全体をまたにかけたあるソングコンテストで優勝して数万ユーロの賞金をもらうまで、借りっぱなしになった。その金で、初めて自分のギターを買った）。

週末の路上セッションはおかしなほどうまくいった。リハーサル代わりに合わせてみると、最初から息があった。彼らの演奏をバックにU2を歌い、ボブ・マーリーを歌い、Mr.BIGを歌った。ビートルズも歌ったし、当時はやっていたドイツのバンド、ディ・エルツテの「男たちは豚だ（Die Männer sind Schweine）」も歌った。週末の午後だったことも手伝い、ゆったり街を歩くひとびとが足を止めた。ギターケースにコインが飛んだ。ざっと一時間ほどの路上ライブで五〇マルクほどたまった。四人で分けたが、取り分は一五マルク（約九〇〇円）。クビになったスーパーマーケットのバイトの時給と大して変わらないのだった。これは悪くない、と思った。その後も彼らと数度演奏する機会をもったが、肝試しに場所を変えて一人で路上に立つようになった。

ある週末の夜、カフェに入った。ストリートミュージックをはじめて一ヵ月目のことだ。歌を歌わせてもらえないか、とバーテンにたずねると、好きにやってくれ、と言う。このとき、不思議な光景をみた。ビールやワインを飲みながら騒いでいる客たちが、一曲目、二曲目と歌っていくごとに、耳を傾けはじめ、三曲目、四曲目とつづけていくにしたがって、こちらに向かって心を開いていく様子が目にみえるような気がしたのだ。ひとの心が胸あたりにあり、観音開きのような扉がついていて、それを開け放って、自分の歌を受け入れている様子をこの目でみたような。

　自分の歌にひとが心を開いた。心と心がつながった。気持ちよかった。外国で暮らし、ひとと共感しあいわかりあうのに苦労している自分に与えられた恩寵だと思った。無性に音楽に感謝したくなった。そして音楽の道へ行ってみよう、と本気で考えた。

　歌い終わると気が高ぶり、何でもいいから強い酒をくれとバーテンに頼んだ。小さな細いグラスに一杯、ギリシャの酒が出てきた。透明な蒸留酒をグイっと飲み干すと、腹が熱くなった。

「いくら？」

「売れてからでいい」

「ありがとう」

　店の外に出ると、夜の空の下には、ありあまる自由がひろがっているように思えた。もう、歌しかないと思った。だが、道は険しかった。

　サンディにとってその後の一〇年は、自由《frei》とは、ひたすら「〜がない」という意味の形容詞であることを、身をもって体験することだった。義務はないが、金はなかった。住む場所もなければ、仕事もなかった。仲間のところを転々としながら眠った。インドネシアの留学生はみな貧しく、一〇畳（約一九平米）ほどのアパートに五人で暮らしたりしていた。そこに雑魚寝の住人が一人増えることくらい、仲間たちにとってもどうってことなかった。

　着る服もなかった。デートをするとなれば、仲間の服をひっぱりだした。ドイツ人の仲間だと大きすぎて合わなかったが、アジア系の仲間たちの体つきはそれほど大きくなく、日本人で深くつきあうことになった仲間（わたし）のポール・スミスのジャケットは、使い勝手がよかった。
食べるものもなかった。いつも腹が減っていた。皿洗いのバイト先の調理場のまかないメシにありつくか、仲間のアパートにある食材を適当に料理して食べた。服もギターも借り物で、もっているのは歌と夢だけだった。そして世紀末の路上での出会いを歌にした。

Down on the Street、ぼくがきたところ
ぼくが運命をたくすところ
ぼくが生まれたところ　それが道
Down on the Street、愛を知るところ、
ねじ伏せられて、やけどを負うこともある
Down on the Street、痛みと苦しさと
喜びと幸せをかみしめるところ
ぼくは倒れ、立ち上がり、また倒れ、それでも立ち上がり、
そしてぼくはずっとこの魂を養いつづける
道の上で。

携帯もなかった。女たちへの連絡は、もっぱら仲間の家の電話を使った。電話先のリストの紙をいつも胸にしのばせていた。一枚の大学ノートの表裏に、女たちの名前と電話番号がびっちり書き込

んであった。それを上から順番に、ひとりも欠かさずに電話していくのだ。

何ももたないストリートミュージシャンは、ベルリンの女たちから愛された。歌のおかげだった。サンディが歌うと、なんだこの歌声は、なんだこの才能はと、だれもが思った。ひとりの女の前で歌うと、簡単にことが運んだ。

ベルリンにはたくさんのストリートミュージシャンがいる。地下鉄の駅構内や市電のホームを陣どって、一ヵ所で演奏する者たちや、サンディのように地下鉄の車両やカフェを転々と移動しながら流していく者たちなどタイプはさまざまだ。バンドネオンを奏で「疲れた太陽」を歌うロシア人、「イパネマの娘」をガットギターで爪弾くラテンアメリカ系、アンデスの民族音楽を数人で演奏するペルー人、胡弓をゆったりと弾きつづける中国人、米軍がベルリンを撤退したのちも、そのまま居ついていつもボブ・ディランを歌う元アメリカ兵、モーツァルトを現役バリバリのバイオリニストとしか思えない迫力で聞かせる、小柄な東欧系の中年女性、仕事にあぶれてビートルズをがなるドイツ人……。

出自と事情はさまざまだが、なかなか陽の目をみない恨み節を腹の奥にかくしながら、それでもなんとか人生をこじ開けようとしているベルリンのＢＧＭたちなのだ。そのなかでサンディは圧倒的だった。小柄でやせた少年のような体なのに、どこからそんな声がでるのか、といぶかるほど、肉厚のゴスペルシンガーのような歌声が放出される。それはもはや、ひとひとり分の声ではなかった。サンディとベルリンを生きるひとびととの思いが合わさった、ストリートの祈りだった。

ホームに降り立つと、無精髭をかきむしりながら毛皮のロシア帽をかぶった大男が、サンディをみつけて口をあけてにっと笑った。ウクライナ出身のセルゲイだ。ストリートミュージシャン歴二年半。サンディの先輩だが、かつてはれっきとした公立のオーケストラ団員で、ヴィオラを弾いていた。経営難で地元のオーケストラは解散して職を失った。

その後、ベルリンに流れてきた。なんとか音楽で食いつなげないかトライを繰り返しているが、光はみえない。それでも悲壮感がないのは、プロレスラーのような体つきとゆったりした身のこなしのせいだろう。人のよさそうな赤ら顔が、着古したカーキ色の兵隊用コートの上に載っかっている。片手でもっているヴィオラが巨体のせいでバイオリンにみえる。

「ヘイ、同僚《コレーゲ》。どうだい、今日の上がりは」

サンディがたずねると、セルゲイがズボンのポケットをゆすり、ジャラジャラと硬貨を躍らせた。重みのない音がする。

「今日はまだだめさ。この寒さだからね。きみは？」とセルゲイ。

「こっちもダメだよ。昨日は当たりだったたんだ。四時間まわって、五〇マルクちょっと（約三〇〇〇円）だった」サンディは自信をのぞかせる。

「それはいいね。ストリートミュージシャン生活も、板についてきたじゃないか。でも昨日、U7線で新顔のバスキングがBVG《ベルリン市交通局》と治安局《オルドゥヌングスアムト》のやつにねちねちやられているのをみたんだ。気をつけなくちゃいけない。ここ一週間U7を、あいつらよくうろついてるからさ」

「罰金を払わされたことあるのかい、セルゲイ？」

「オレはないけど、聞いた話によると、治安局に一度かみつかれると罰金一〇〇〇マルクを払うまで放してくれないって話だ」「何が問題なの？」

「地区によってまちまちだけど、大まかなルールが二つあるんだ。ひとつは騒音防止ルールと、迷惑行為禁止ルールさ。路上で演奏はＯＫだけど、住人や通行客の迷惑になると問題だってわけさ。で、表向きは、市役所で発行している許可書が必要になるってこと」

「ドイツ名物、紙戦争か」ふたこと目には、紙（証明書）をみせろというドイツ流の融通の利かない役人根性を、ひとは皮肉を込めてPapierkrieg《パピアクリーク》（紙戦争）と呼ぶ。

「地獄の沙汰も紙しだいさ。ミッテ地区だと三ヵ月で一〇〇マルク（約六〇〇〇円）を払って紙を作ってもらう必要がある」「それじゃあ二日の稼ぎがパアだよ」とサンディ。

「しかもだ。地下鉄には地下鉄ルールがあって、一日許可書をその都度もらわなきゃいけないんだ。（二〇一八年現在、七・五ユーロ、一〇〇〇円ほど）」

「シャイセ《くそ》。こっちはただで演奏してやってるというのに」とサンディは真顔で言った。

「あっはっは」セルゲイが明るく笑った。

「ストリートだって舞台は舞台さ。毎回真剣勝負だよ」サンディは本気なのだ。

「でも、サンディ、うまく立ちまわる必要はある。ドイツ人だっていろいろいるよ。がんじがらめのルールでしばるのが好きなひともいれば、お目こぼししてくれるひともいる。対応はばらばらさ。それも人間的じゃないか」

「どっちにしても、そんな紙に払う金なんてないよ。乗車券を買う金すらないんだから。なにしろ、こっちは無賃乗車オブ・ザ・イヤーに選ばれたことがあるんだ！」

ふたりは大口を開けて笑った。

ベルリンの駅には改札がない。切符はホームにある自販機で買う。もっていなくても電車には乗れる。ぬきうちで係の者が乗り込んできて、乗客の切符をチェックする。無賃乗車がバレれば、七〇マルク(四二〇〇円)の罰金となる。たいていチケットコントロールは二人組で乗り込んでくる。カジュアルな服を着ていて、ウェストポーチをつけている。そのなかにデータを入力する機械が入っている。それだと悟られないよう、無関心を装って乗ってくるが、サンディくらいの無賃乗車常習犯になると、すぐに見分ける。そして彼らがきたとわかれば、逃げるわけじゃないよ、という風情で、扉が閉まる直前にさっと降りるのだ。これはこれで経験と反射神経がいる。

無賃乗車がみつかった場合、通常は次の駅でコントロールと一緒に降りて、身分証明書を提示し、罰金を払うことになる。サンディのために、わたしは二度払った。そこで非協力的な態度をとったり、逃げようとした場合警察が到着するまで引き留めておかれることになる。刑法によると、意図的かつ悪質な無賃乗車は罰金ないし一年までの懲役とされるが、実際は無賃乗車の判明三回以上に＋αの犯罪がつかないと投獄はされない。二〇一九年現在の罰金は六〇ユーロ、約七〇〇〇円になっている。

セルゲイがつづけた。「とにかく気をつけろ、サンディ。あまりもめて治安局に名前を覚えられると、ビザ延長の際に面倒なことになる」

今はしごをはずされたら困る、とサンディは思った。ここで一旗あげるまでは国には帰れない。

「わかった、セルゲイ。忠告ありがとう。ところで、きみはこれからどっちへ向かう?」

「ワルシャワストラッセ方面へ向かうつもりだ」旧東ベルリン方向だ。

「そうか、ＯＫ。じゃあ、ぼくはシャルロッテンブルク方面へ向かうよ。いろいろ教えてくれて本当にありがとう。今度、ビールをおごるよ」とサンディ。

「たのしみだ」とセルゲイ。バシッと手をあわせた。「オーケー、またね」

「うん、チュース」

巨体をゆらしてセルゲイが歩いていく。

上着のポケットから小さなウォッカの小瓶を取り出して、ぐびっとあおっている。ロシア帽が動く。サンディは、頼りがいのある兄をみつけたような気分で、大きな背中を見送った。そしてふと、思う。旧ソビエト連邦出身の人間って男はとくに愛想の悪いやつが多いけど、アジア人をいつも対等に扱う気がする。ドイツ人はあからさまに下にみるか、あるいは逆に意識しすぎて丁重に扱おうとする。そこには強い者が弱い者に気をつかうという偽善がにおう。最初から対等ではないのだ。旧ソビエト出身者たちにはそれがない。

なぜだろう？　かつてのソビエトが、よくも悪くも、アジア系を含めた多民族をひとつの国にまとめ上げてきたからだろうか。歴史的には巨大なユーラシアをモンゴル系が支配したこともあれば、トルコ系が力を広げた時代もあった。今はスラブが支配しているが、庶民レベルでは上も下もないのだろうか。こんなことをつい考えてしまうなんて、オレはドイツの白人社会にきて、人種差別に敏感になりすぎているのだろうか。

ベルリン市交通局ＢＶＧのホームページより（二〇一九年七月現在）

ストリートミュージシャンへの対応について。「BVGは地下鉄の連絡通路の所定の場所、所定の音量、所定の楽器という条件で音楽を演奏することを許可する。電車内での演奏は不可。許可書は、毎週水曜日七時から一一時、ヴィッテンベルクプラッツ駅のサービスカウンターで配布する。一日演奏分の許可書は七・五ユーロ（約八五〇円）、当許可書は地下鉄の乗り降りの際も有効（譲渡不可）。

許可されている楽器

ギター、キーボード、アコーディオン、ハーモニカ、バイオリン、ヴィオラ、チェロ、コントラバス、ハープ、バラライカ、ピアニカ、タンバリン、木琴、フルート、パンの笛、クラリネット、ディジュリドゥ、そして肉声。音楽再生装置の活用も可。音楽はノーマルな音量で演奏すること。金管楽器の演奏は不可。

ベルリン日刊紙『ベルリナーツァイトゥング』より抜粋

「ベルリンにはストリートミュージックに関して統一的なルールは存在しない。ミッテ地区では以下のルールを決めている：演奏許可時間は八時から二二時。音量は迷惑にならない範囲で。アンプを使わない音楽には、許可書は不要。しかし、時間と場所に関してはルールがある。電子アンプを使った音楽を演奏する場合は、許可書が必要。一ヵ所で演奏していい時間は六〇分。地下鉄の車内での演奏は禁止。駅や連絡通路での演奏は、所定の音量を守り、許可書が必要。許可書は一日七・五ユーロ。以下の楽器は許可：ギター、キーボード、アコーディオン、バイオリン、チェロ、コントラバス、ハープ、バラライカ。チューバやホルンなどの金管楽器は不可」

セルゲイの忠告はあたった。

サンディは地下鉄を移動しながら、その日のレパートリー七曲を二度くり返し、トレーシー・チャップマンの『Talkin' bout a Revolution』が佳境に入ったころだった。「知らないの？／みんなが革命について語りあっている／ささやくような声で」

電車が駅にすべりこんで止まり、扉がひらくと、制服を着た二人のＢＶＧ職員が乗り込んできた。

「演奏を止めなさい。電車のなかでの演奏行為は禁止だ」

車内に緊張が走った。革命の歌が宙に浮いたまま止まった。扉が閉まり、電車が走り出した。大男が無言でサンディににじり寄り、逃げ場をシャットアウトした。

「金はとってないだろうな。もしとっていると無断の商行為は罪に問われるが」

ひとりが低い声で言った。こちらにもロジックはある。演奏後の小銭集めは客からの善意の募金集めで、商行為ではない。ただ、理屈をいうと相手も熱くなって面倒だ。だからそれを腹にしまい、笑顔をつくる。サンディも制服さんのあしらい方はだんだん鍛えられてきた。

「商行為だなんてとんでもない。趣味で歌ってるだけですよ」

「許可証《パピーア》は？」向こうは単刀直入にきた。

「演奏するのに許可書が必要なんですか？」サンディは、初めて聞いたという顔で逆に聞き返した。

「もちろん必要だ。許可書なくホームや連絡通路で演奏すれば、治安局への通報が必要になる」

「それは知りませんでした。どこへ行けば、それは手に入るのでしょうか。教えていただけますか」

あくまで丁重に対応する。

「ヴィッテンベルクプラッツ駅で毎週……」ながったらしい説明がはじまった。こちらは謙虚を装い、相槌を打ちながら神妙に聞くフリをする。相手も仕事をしているのだから、最大限リスペクトする必要はある。

「よくわかりました」

「どこから来た？」

「インドネシアです」

「パスポートは？」

「あります」

受け取ってパスポートと滞在許可書を確認しながら、二人の職員の目がサンディの全身をなめまわしている。頭のなかにある問題者リストを照合しているのだ。乗客たちの視線が集まる。職員の顔のこわばりがとけた。検索にヒットする人物はいなかったのだ。

「いいだろう。次回からかならず許可書を取得して携帯するように。今後気をつけたまえ。乗客の迷惑にならないように」

「わかりました」ケリはついた。

電車が次の駅に止まり、制服は降りていった。サンディがほっとしていると、ブロンドの長髪をなびかせた青年が近寄ってきた。小銭をつまんで、コインを入れるものはないのか、と無言で合図した。サンディがすかさず集金のプラスチックコップを出すと、金と銀と銅の三色の小銭が音を立てて落ちた。「ダンケ」

「ビートルズはハンブルクがつくったっていうぜ」青年が唐突に言った。

「え？」どういう意味？　とサンディが聞き返そうとした瞬間、青年は背中をみせて人ごみに消えた。ビートルズがビートルズになる直前、まだ二〇歳そこそこだったメンバーは、ハンブルクの船員相手の酒場で、ミュージシャンになるために必要なものを身につけた。そして世に出た。後年、ジョン・レノンは語った。ビートルズを育てたのはリバプールではなく、ハンブルクだったと。長髪のブロンド青年が言おうとしたのは、こういうことだったろう。ベルリンがおまえを育てているんだ。

こんなシーンが地下鉄で展開される。サンディならずとも、ベルリンの町にほれ込む人間がいるのは、自然なことなのだ。よそ者に対してふところが深い。

「生まれはジャカルタだけど、育ちはベルリンだって言いたくなるよ」今日の稼ぎをジャラジャラいわせながら、わたしのアパートにやってきたサンディは、タバコを巻いて語りだした。

「いま、オレはベルリン路上大学の卒業実技試験の真っ最中かな。取り締まりの対象になることはあるけど、でもオレの歌を喜んでくれるひとたちがいる。みな、こうしてカネをめぐんでくれるんだ。なかには一〇マルク紙幣（六〇〇円）もくれるひとがいるし、歌が終わらない最中に、自分が降りなきゃいけないっていうんで、小銭や札をジャケットのポケットに突っ込んで降りていくひともいる。そんなとき、なんか許された気がするんだ。こっちの歌が確実に相手に伝わったということがわかるんだよ。歌を介して、相手とつながったという手ごたえをえたときの喜びっていったら！

買い物客なんかが、スーパーの袋を開けてりんごを一個くれたり、バナナを差し出したりすることもある。タバコ一本のやつとかね。

夜になるとカフェをまわっている花売りをみたことがあるだろう？ インド系だとか、ラテンアメリカ系さ。そのひとりがバラを一本くれたこともあった。彼らもけっして稼ぎがいいわけじゃないし、煙たがられたりするからね。同病相憐れむってところなのかもしれないけど。歌に対して花を一本、なんてなかなかいいよ。それを胸のポケットにさして、また次の場所へ向かうんだ。

一回、こんなことがあった。警官が目の前に座っているのに気がつかないまま、歌ったことがあった。帽子もかぶっていなかったし、制服の上に私服のコートを着ていたから、きっと勤務から外れていたんだろうね。で、歌いきってしまった。集金に回ろうとしたとたん、警官がいることに気がついて、目があった。まいったなあ、今回ばかりは言い逃れできないかもしれないと思ったら、何のことはない、金をくれて降りたよ。含み笑いしてね。あたりまえだけど、ドイツの警察官だって人間だものね。

いいことばかりじゃない。飲んでいるやつは虫の居所が悪いと、うるさいって、ビール缶とかペットボトルを投げてくるのもいるし、ネオナチ連中にからまれたりすることもある。厳密にいえば法やルールに反することもあるかもしれないけれど、絶対にひとのこころに反したことはしていないよ。その自信はある。歌を歌ってひとをハッピーにして、その見返りにメシ代をもらう。それだけさ。舞台がライブハウスやコンサートホールじゃないだけでね。いまにベルリンや他の大きな町の大きな舞台でやるようになれば、いちいち文句言われなくなるし、コップをもって集金に回らなくてもよくなる。早くそうなりたい」

地下鉄U7線ビスマルク通り駅、深夜一時。最終電車を待つホームのベンチの上で、ギターをかかえて、サンディがひとり座っている。生まれ出ようとしている歌のメロディに耳をすまし、ギターでそれを確認するように爪弾き、つぶやくように歌っている。まばらに散らばる乗客たちが行ったりきたりしている。自分のなかにわきでる音に集中して、はるか遠くのものをみようとしていたサンディの瞳に光が宿る。たった今、新しい歌が生まれた。「Waiting on」という歌だ。

ぼくは　待っているんだ
いいことの上にある　光り輝く空
きみはどこにいってしまったの
かくれていないで
そんなに長く

きみが　いなくなってから
こころが　渇いていく
こころが　泣いている
ぼくは　知りたい
何にきみは連れ去られてしまったのか

そんなに長く

ぼくは死にそうだ　きみがいないから
きみは　ぼくの人生の光
ぼくの愛は　きみに
だって　生きることは愛することだから

どんなにぼくが　きみを恋しいか
どんなにぼくが　きみに会いたいか
もう雨に口づけしたくない
きみは本当に酷だ
ぼくをおかしくさせる
許してほしい
もしぼくが　きみをそんなに傷つけたことがあったなら

それから一〇年後のことだ。サンディは、二〇〇八年、ドイツのエンターテイメント番組〝シュテファン・ラープの TV total〟のなかの人気コーナー、〝Stefan sucht den Super-Grand-Prix-Star（シュテファンのスーパースターを探せ）〟に出演。視聴者の人気投票で決まる勝ち抜き番組で、絶大な支持を受け、数週にわたりテレビのなかで歌いつづけた。最終的にはトップ5に残り、ドイツ語圏で一躍有名になった。ユーロ圏以外の外国人歌手としては異例の成績だった。

二〇〇九年、ラトビアのリガで開催されたインターナショナル・シンガーコンテスト“New Wave”でグランプリを受賞、賞金五万ユーロ（約六〇〇万円）を獲得。

二〇一〇年、アメリカのグラミー、ゴールデングローブ賞ソングライターであるダイアン・ウォーレンから招待を受け、ハリウッド・パラディウムに立ち熱唱した。その模様は、アメリカ公共放送PBSの歌番組で放映された。共演者はセリーヌ・ディオン、トニー・ブラクストン、エリック・ベネイら。

母国インドネシアでも人気に火がつき、現在は東南アジア圏、ドイツ語圏、東欧圏を中心にライブ活動を展開中。定期的にアルバムを発表。リリックは英語、インドネシア語、ドイツ語で製作する。人気、実力を兼ね備えたインドネシアの代表的な歌手として活躍中。

第三章　ある兵士のひとりごと

ベルリンのSバーン（市内鉄道）のなかで、奇妙な兵士をみた。一九九七年五月のことだ。当時、まだドイツには兵役義務があった。兵士は徴集兵だろうか。推定年齢二二、三歳。身長は一八〇センチ前後で、ドイツ連邦軍の深緑の軍服を着て、そりあげた頭に兵隊帽をかぶっていた。足元にはサンドバッグのような形をした、みるからに重そうなカーキ色のリュックが横倒しになっていた。顔色は青かった。頬がこけ、頬骨が突き出ているせいで、いっそうやつれた印象を与えた。目が尋常ではなかった。瞳孔が開き、絶えず瞳を動かしてあたりをみまわし、一点に集中したかと思うと、またきょろきょろとハエを追うように目を動かしている。一瞬、精神異常を疑うほどだった。でも、それはありえないだろう。兵役につくだけの健康をもっている。健康診断では合格しているのだ。対面に座るわたしにも視線を向けていたが、わたしをみていなかった。焦点があっていないのだ。そのうえ瞳がにごっている。何より奇妙だったのは、ずっとしゃべりつづけていることだった。あたりにはわたししかいない。こちらに話しかけているのかと思ったが、そうではなかった。ひとりごとなのだ。

ベルリンでは、ひとりごとを言いつづけている男や女をよくみかける。きまって目の焦点があっていない。ぼそぼそ下を向いて話していると思ったら、突然こぶしを振り上げて絶叫し、まわりを驚かせる。内容が意外にも理路整然として、難しいテーマだったりする。

他者とコミュニケーションが取れないせいで、ずっと孤独の壁に囲まれて、どんどんたまってくる思いや思考が不完全燃焼を起こす。しかし、あるきっかけが与えられると一気に爆発するといった感じだ。わたしはそうした状態を、勝手に「ニーチェ症候群」と名づけた。この手のひとたちは極端な思考と極端な結論をだす傾向がある。たとえば最近バスのなかでみたドイツ人は、えんえんドイツという国がいかにすばらしいかをひとりで語りつづけ、黙り込んだかと思ったら突然思考が逆流して、「ドイツよ、滅びよ」と叫びだした。そのあたりがニーチェみたいだからだ。

この兵士の声音は変化した。口のなかでもごもご聞きづらい言葉を発するかと思うと、とたんに誰かに訴える口調で明確な発音をしたりした。わたしは耳をすませた。

「昨日、サラエボにいったドイツの兵隊がふたり死んだんだ。明らかに無駄死にだった。こんなこと理解できるか、この不条理が。サラエボとドイツ人に何の関係があるんだ。ドイツ連邦軍がボスニア・ヘルツェゴビナに介入して何になるというんだ」

どうやらテーマは民族紛争後ボスニア・ヘルツェゴビナへ治安維持のために送られているSFOR（NATOを中心にした多国籍からなる平和安定化部隊）のドイツ兵のことらしい。ドイツ人は今や、銃をもって国外に出向く。戦車も装甲車もフル装備で、戦場に向かう。二〇一九年現在の日本と、事情が違う。

駆け足でドイツの再軍備から現在の連邦軍への道のりをふりかえってみたい。下敷きにするのは、国際政治学者 岩間陽子『ドイツ再軍備』（中央公論社、一九九三年）だ。同書はドイツ再軍備への過程を、時代を動かしたキーパーソンたちのセリフを引用しながら詳細に追っている。

　そのスタートは日本と同様だった。一九四五年五月七日にドイツが降伏。連合国側から徹底した武装解除がおこなわれ、完全に非武装化された。戦後のドイツは他国の統治のもと、丸腰のままスタートした。全土はイギリス、アメリカ、フランス、ソビエト・ロシアにより分断統治されることとなった。

単純にいえば、国土を真ん中で縦に切り、左半分を上から英米仏で三つに分け、右半分をソビエトが統治する形だ。ドイツの北東部に位置するベルリンはすっぽりソビエト占領下のなかに位置するが、首都であり重要な拠点だったために連合各国も欲しがり、共同統治されることとなった。西ベルリンは英米仏が、東ベルリンはソビエトがおさえた。事実上、全土もベルリンも西側諸国とソビエトの二分割状態となった。米英側とソビエトはすでに戦争中からすれ違いが多かったが、英米仏の進駐軍がベルリンに入ってくると、先に占拠していたソビエトが妨害するなど非協力的な態度が目立ちはじめた。

　同年七月後半に開催されたポツダム会談の場でも、ドイツの戦後処理、とくに賠償問題をめぐってアメリカとソビエトの意見が鋭く対立。ベルリンの東西境界地域は両者が角を向きあわせてにらみあい、緊張した。そのころ東欧諸国は、ソビエト色に染まっていた。ポーランド、チェコスロバキア、ハンガリー、ルーマニア、アルバニアなどがソビエトを後ろ盾にした共産主義国家として歩みだし、ソビエト・ロシアの世界戦略は着実に進行していた。

　一九四八年になると、連合国のどこがベルリン全体をおさえるのかをめぐり、ソビエトと英米仏三国の対立は激化。とくに統治区域における通貨をどうするかを巡って、三国とソビエトは折りあえず、三国は西ベルリンを一つにまとめ、新たにドイツマルク通貨（DM）による通貨改革をおこなった。東欧のみならず、ドイツ全体へも影響力を行使したいソビエトは猛反発。四月になるとソビエト軍は西ベルリンと西ドイツを結ぶ検問を強化し、物資の運搬に制限をかけはじめた。そして六月二四日以降、鉄道と地下鉄を閉鎖し、船舶輸送も停止、高速道路《アウトバーン》も閉鎖した。これで陸路は完全に封鎖された。世にいう「ベルリン封鎖」だ。これで物資は西ベルリンに完全に入らなくなった。電力供給も停止され、二〇〇万の西ベルリン市民の日常生活は困窮した。進駐軍の兵士八〇〇〇名とその家族二万二〇〇〇名も同様だった。

空路だけは開いていた。あらゆる生活物資を空輸した。史上「ベルリン大空輸」と呼ばれる。一九四九年五月に封鎖が解除されるまでに二七万八二二八回飛行機を飛ばし、約一〇万トンを運んだ。ちなみに、一日のひとり頭の食糧はこう算出されている。パン四〇〇グラム、穀物加工品（パスタやオートミールなど）五〇グラム、肉類四〇グラム、油三〇グラム、砂糖四〇グラム、乾燥ジャガイモ四〇〇グラム、チーズ五グラム。冬を過ごすための暖房用燃料（石炭、木材）一二・五キロも計上された。

大空輸作戦によってかつての敵国アメリカ、イギリスが西ベルリンを救った形になった。これ以降、占領軍は西ドイツ人にとって友軍となった。ソビエトの兵糧攻めは失敗に終わった。

一九四九年、ドイツの国土は分断されたまま、ドイツ連邦共和国（西ドイツ）とドイツ民主共和国（東ドイツ）が成立。

一九五〇年、朝鮮戦争が勃発。兄弟親族が支配層と大国の論理によって引き離され、大韓民国と朝鮮民主主義人民共和国が朝鮮半島の主権をめぐって殺しあいをはじめた。戦争は西側の自由主義陣営と東側の共産主義陣営をまきこみ、国際紛争に発展。米ソ対立は先鋭化した。

ドイツもこうなるのか。そう考えた者は多かった。アメリカ大統領トルーマンは共産主義勢力を武力で世界侵略を目指す悪と公言し、欧州における待ったなしの防衛策を構築する必要に迫られた。西ドイツの初代連邦首相コンラート・アデナウアーは、すでに国家防衛の必要から水面下で再軍備を画策しはじめていた。欧州における通常兵力を比べると、米軍よりもソ連軍が優位に立っており、イギリス、フランスだけではもたないことは明らかだった。どうしても西ドイツの再軍備が必要だ。だが、歴史的に何度もドイツと戦争をしてきたフランスが首を縦にふらない。ドイツの軍国主義がいつまた復活するか、疑念は消えなかった。そして西ドイツの国民の大半も、ナチ時代の悪夢から抜けられず、軍隊という存在への嫌悪から再軍備には反対した。

西ドイツの軍事力の強大化を封じ込めつつ、それをうまく利用するにはどうすればいいか。そこで浮上したのが、欧州防衛共同体（ＥＣＤ）構想だった。西ドイツ、イタリア、フランス、ベネルクス三国が加盟することになった。西ドイツの独立した軍隊ではなく、汎ヨーロッパ防衛軍の一部隊として参加するという形をとればフランスも納得する。だがそうはいかなかった。フランスの国民議会が反対し批准に失敗。構想は挫折した。

その結果一九五五年、「アメリカを引き込み、ロシアを締め出し、ドイツを抑え込む」（ＮＡＴＯ初代事務総長ヘイスティングス・イスメイの言葉）ためのアメリカと欧州の軍事同盟、北大西洋条約機構（ＮＡＴＯ）への加盟が決定。再軍備が許可され、正式に西ドイツ国家の軍隊、ドイツ連邦軍（Bundeswehr）が発足した。同時に主権国家としての地位がほぼ回復することになった。

これに対抗して、ソビエトを中心とした東欧諸国の軍事同盟、ワルシャワ条約機構が発足。東ドイツはこの軍事同盟に加盟し、翌一九五六年、国軍たる国家人民軍（Nationale Volksarmee, 略してＮＶＡ）を編制、再軍備をスタートさせた。

両軍ともアメリカとソビエトの思惑が、ドイツ両陣営の支配層の焦りと手を組むことで生み出された軍隊だった。

問題は、東西ドイツともに兵士の数が圧倒的に足りないことだった。西ドイツ軍は募集をかけたが、当初集まったのはたったの一〇一名。まだ屍体の焼けこげるにおいが鼻先から消えていない時代だ。だれも戦争の準備なんかしたくない。だが冷戦は泥沼化し「熱い戦争」がいつぶりかえすかわからない。そこでやむをえず国は一九五六年、徴兵制度を復活した。ただし、兵役を拒否する権利は保障した。すでに西ドイツが建国された際に憲法にあたる基本法第四条一項と三項ではこうたっている。有名な一節だから原文とともに引用する。

Die Freiheit des Glaubens, des Gewissens und die Freiheit des religiösen und weltanschaulichen Bekenntnisses sind unverletzlich.

信仰・良心の自由ならびに信仰・世界観の表明の自由は不可侵である。

Niemand darf gegen sein Gewissen zum Kriegsdienst mit der Waffe gezwungen werden.

何人もその良心に反して、武器をもって軍務を強制されてはならない。

この基本理念をもとに、徴兵制導入にあたり徴兵制法が基本法第一二a条として加えられた。これもまた有名な一節。

一八歳以上の男子には、軍隊、連邦国境警察または民間防護団体で奉仕することを義務づけることができる。

良心上の理由に基づき武器を使用する軍務を拒否する者には、代替役務に義務づけることができる。代替役務の期間は軍務期間を超えてはならない。詳細は以下の規定に基づく。すなわち、良心に基づく決定の自由を侵害してはならず、また軍隊と連邦国境警備隊の部隊とはまったく無関係の代替役務を課さなければならない。

これが世にいう「良心的兵役拒否」だ。良心に照らして、命令にノーを言うのは本人の自由であり、人間の権利だ、ということを西ドイツの憲法は保障した。ナチの時代は極悪非道であろうと上からの命令は絶対だった。ユダヤ民族を丸ごと虐殺するにしても、同性愛者、共産主義者、ロマ（ジプシーと呼ばれた）、病人、精神病者といったひとびとをガス室で虐殺するにしても、みな上の命令に忠実に従い、忖度し、着実に実行した。

アイヒマン裁判は上からの命令と個人の判断に関して考えるヒントをくれる。一九六一年、元ナチス親衛隊将校アドルフ・オットー・アイヒマンは逃亡先のアルゼンチンでイスラエルの課報機関モサドにつかまり、エルサレムに連行され裁判にかけられた。アイヒマンは数百万人のユダヤ人を強制収容所に移送する責任者だった。役所内でも責任感の強さと優秀な仕事ぶりには定評があり、みなから信頼された。そして大きな仕事を任された。結果、数百万人の人間が殺された。裁判では人道に対する罪と戦争犯罪を問われたが、本人は一貫して「命令に従っただけだ」と主張した。

この様子を取材したユダヤ人哲学者ハンナ・アーレントは、傍聴記録を一九六三年アメリカの雑誌『ニューヨーカー』で連載した。タイトルは「Eichmann in Jerusalem: A Report on the Banality of Evil（エルサレムのアイヒマン——悪の陳腐さについての報告）」。日本でもみすず書房から翻訳が出ている。アーレントは徹底して追及した。いったいどうしてこんなことが起こったのか。その結果、ある結論にいきついた。アイヒマンは凡庸な役人にすぎず、職務に忠実に従っただけだった、と。くしくもそれはアイヒマン本人の主張と同じだった。アーレントがアイヒマンを擁護していると世論は非難した。だがここには、早く処刑しろ、という世間感情より、もっと冷徹な視線がある。つまり、忠誠心や従属や立場にとらわれると、本来の人間の良心を踏み越えて、大虐殺のような犯罪を誰もが起こしかねないということだ。それは何もナチの将校ならずとも、現代ではだれもが立場のなかでものを考え、立場のなかでものを言い、立場のなかで思考するようになっている。それら（役人の立場、会社員の立場、銀行員の立場、主婦の立場、学生の立場、非正規労働者の立場、夫の立場、子どもの立場、ドイツ人の立場、男の立場、女の立場などなど世間は立場にあふれている）は社会上一時的に演じている役割にすぎないものなのに、いつの間にか立場が絶対化し、本人の内面まで侵食し、気がつかないうちに立場に支配されたロボットが息をし、飯を食い、排せつをして暮らすようになる。するとロボットは、立場を守るためにいともたやすく嘘をつき、ひとの道を外れることになる。おおざっぱにいえば、こうした認識を踏まえて個人の内面の自由が保障され、個人の良心に基づいた兵役拒否が基本法に書きこまれたわけだ。

だが、そうはいっても兵役を拒否するのは勇気がいることだった。政府は「徴兵制は人民の健康を改善し、徴集兵は軍事的専門知識のみならず人生の教育を受けるものである」ともっともらしいことをいったが、本音は、若い兵隊が欲しい、国土防衛のために戦える兵士を育て、忠誠心をもたせて管理したいという国家意識にある。そのため拒否の認定審査はあからさまに厳しいものだった。各国の兵役拒否事情をコンパクトにまとめてある『兵役拒否』佐々木陽子編著（青弓社、二〇〇四）のなかで、ドイツ人研究者フォルカー・フールトは自分の体験も含めて、実態を報告している。

「一九八三年まで実行されていた認定審査では、良心的拒否の根拠を紙面で説明するほかに、連邦軍の担当局で民間の試験官の同席のもと、口頭試問がおこなわれた。この口頭試問はしばしば良心を裁く法廷と化し、申請者はあらゆる心理的な手段によって追い詰められることが多かった。……筆者自身も七〇年代末にこの認定審査を前にして、次のようなバカげた質問事項の答え方を準備していたことを、いまでも不安な気持ちとともにありありと思い出すことができる」

その内容は、たとえばこんなものだった。

「あなたは故郷の町はずれを散歩しています。すると突然敵機が上空に現れ、操縦士は町を爆撃するべくコースを取り始めた。偶然にもあなたの手近にすぐ発射できる状態の対空砲火器がある。町をこの爆撃機から守れるのはあなただけ。あなたはどうするか？」（同書、四〇頁）。

別の報告によるとこんな質問もあった。

「あなたの愛する者が今まさに殺されようとしている現場に遭遇しても、あなたは武器を手にしないのか」

「船が沈没して、あなたは流木につかまって漂流している。あなたの近くで別の遭難者がおぼれそうだが、流木は二人がつかまる余裕はない。あなたはどうするか」

質問というより詰問だ。拒否できないシチュエーションを与えてゆさぶりをかけ、あきらめさせるという手口だった。それに口さがない世間は拒否する者には容赦なく、「卑怯者」、「臆病者」、「怠け者」というレッテルを貼った。実際兵役拒否をする者は、はじめの二年間は五〇〇人が申請をしたのみで、六七年までは六〇〇〇人を超えることはなかった。

風向きが変わったのは学生運動とベトナム反戦運動がもりあがった時代だ。六八年の拒否者は一万二〇〇〇人を超えた。前年に比べ二倍。それまで信じられてきた権威や権力への異議申し立てが爆発した。兵役拒否はベトナム戦争、冷戦、南北問題への批判を政治行動として表現することだった。

その後、教会組織や徴兵制度に反対する諸団体の運動により認定審査への批判が強まり、八〇年代に入ると書面による審査だけですむようになった。以降、高止まりがつづく。八三年の拒否申請者は六万六三三四人、八九年は七万七四〇〇人。東西ドイツが再統一すると、東ドイツ軍は西ドイツ軍に吸収合併。徴兵制度は続行された。湾岸戦争の勃発した九一年は一五万一二一二人と大量に増加。その後、兵役拒否者は兵役該当者の半数近くを占めるようになった。東西冷戦の終わりによって、今までの敵は敵ではなくなった。敵は遠くに存在する時代になっていった。

どんな時代やどんな場所に生まれ落ちても、この世に生まれてきた以上、ひとは自分らしく生きるべきだ、と思う。それでも時代や、生まれ落ちた場所の決まり事や、その場所が背負ってきた歴史や社会が、ひとの行く手を阻むことがある。自由に生きることを邪魔することがある。自分では自由に考えているつもりでも、時代や状況の制約を受けていることだってある。

同じ時代を生きているのに、ドイツのわたしの同世代の男たちには兵役がある（のち、なくなったが、この物語が進行している一九九七年にはまだあった）。彼らは銃をもち、突撃訓練を受け、国家に忠誠を誓う。多少荒っぽい経験もつむ。日本に生まれたわたしに兵役はない。もし、もっと昔の日本に生まれていたら、いやでも戦争に行かされた。わたしはラッキーだ。だとすると、ドイツの若者たちはアンラッキーなのか。それは本人たちにしかわからない。ただ、彼らの引き受けているものが何なのかを考えることは、今自分がどんな時代に生き、どんな場所に生きているのかを考え、感じるためのよすがを与えてくれるはずだ。それでドイツの再軍備と徴兵制と個人の生きざまの選択にかかわる徴兵拒否の背景を書いている。東ドイツの事情も少しだけつけくわえ、その後、わたしがみた奇妙な兵士の話につなげる。

さて、東ドイツ。フランク・リースナー著『私は東ドイツに生まれた――壁の向こうの日常生活』（東洋書店、二〇一二年）と市川ひろみ著『ドイツ民主共和国国家人民軍建設部隊――暴力のない社会をめざした兵士たち』（国際協力論集、神戸大学、一九九五年）によると、東ドイツでは、兵役拒否の権利は憲法では認められていなかったが、当初、兵士はみな志願制で集められた。入退者のほとんどは社会主義者で、新しい国づくりに希望をもっていた。それでも数が圧倒的に少なかった。指導層が頭をかかえたのは、こんなジレンマだった。兵士も欲しいし、労働者も欲しい。だが兵士になれといえば、みな西ドイツへ逃げてしまって労働者が減る。そこでまずは徴兵制をしかず、少年たちを軍事訓練に慣れ親しませるために「スポーツ技術協会」を創設。体を鍛えさせ、兵士として使い物になる体をつくることを優先した。

東ドイツから西ドイツへの人口流出は止まらない。政府は業を煮やし、一九六一年にベルリンの壁を建設。これで逃亡は不可能。これを奇貨として一般徴兵制を導入した。軍服を着たばかりの若者たちは、できたばかりのベルリンの壁の警備にあたった。いかなる理由であれ、基本的に誰も兵役から逃れることはできなかった。国家人民軍はワルシャワ条約軍の一角をしめており、西ドイツの連邦軍が三倍の兵力をもっている以上、兵役拒否をみとめるわけにはいかなかった。拒否した者は逮捕され、最長一年の禁固刑となった。初期拒否者の大半はエホバの証人信者が占めた（ナチ時代の兵役拒否者にもこの信者が多く、ナチ政権下では布教活動が禁止され、強制収容所に送られた。エホバの証人はアメリカに本部を置くキリスト教系の宗教団体で、輸血の禁止などで知られる）。徴集強制に対し、若者やキリスト教の教会組織から批判が噴出したが、人権問題として西側に宣伝されることは東ドイツ国家の沽券にかかわる。人権もふくめあらゆる面で資本主義陣営に比べて優れていることを示さなければいけなかったからだ。

苦肉の策で編み出したのが「建設兵士（Bausoldat）」という制度だった。武器を使う軍務を拒否する者が志願するが、身分はれっきとした人民軍兵士である。任務は軍事施設の建設・補修、道路工事などである。銃の代わりにスコップをもった兵士であり、そこから「スコップ兵士（Spatensoldat）」と呼ばれた。庭師、病院の看護師や調理場の補助などに従事することもあり、八〇年代に入ると多くの企業の労働力不足を補うために港湾建設や鉱山、化学工場の現場で働いた。軍内における建設兵士へのあたりはキツかった。「怠け者」「同性愛者」「前科者」「犯罪者」と非難された。除隊後も進学や職業選択の際に差別を受け、シュタージ（秘密警察）からつねにマークされ、経済的に重要な企業や組織からしめだされた。

東ドイツ政府はあくまで体制強化のために、戦闘態勢を維持したかった。一九七八年になると一四歳から一六歳の生徒に軍事教科が義務化された。通信技術も発展し、西側との接触のチャンスも増えていく。そこで政府は徹底した隔絶政策をとり、生徒たちに西側、とくに西ドイツへの「敵意を育てる」ことを徹底した。敵意をあおることが国内の団結を促し、自分たちの政治のまずさにベールをかけ、国民のガス抜きには有効だったのだ。このやり方は洋の東西をとわず、今でも政治家には人気がある。辛酸をなめた建設兵士たちは、除隊後、キリスト教会の片隅に集まり、ひざを突きあわせた。聖書にある「人を殺すな」というシンプルな教えを貫くキリスト教的信念は、正義のための戦争（殺人）や防衛のための戦争（殺人）を肯定するあらゆる世俗の権力とぶつかることになるのは必然だった。彼らは兵役拒否の権利を求め、ひいては東ドイツの社会を原理的に変えていくことを求めて、教会にひとを集め、ビラを配り、メッセージを伝え、組織化し、世間に訴えていった。差別や逮捕を恐れない彼らの存在は、いつしか政府批判を喉の奥に飲み込むサイレントマジョリティから支持されるようになり、市民運動の輪は広がった。ついに一九九〇年二月、非軍事役務法が成立。良心的兵役拒否権が認められた（この法律は七ヵ月後に失効した。東ドイツが消滅したからだ）。

元建設兵士やキリスト教徒の市民運動は大きく発展し、兵役拒否権運動だけでなく、ベルリンの壁をつきくずす民主化運動のうねりに合流していく。

一九九〇年九月、ワルシャワ条約機構から東ドイツ脱退。同年一〇月、ドイツ再統一。国家人民軍はドイツ連邦軍に編入。時代は変わった。東西冷戦は終わった。冷戦を前提にしてきた防衛体制や徴兵制の内実も変わらざるをえなかった。統一軍は約六〇万人から三七万人まで縮小された。

一九九一年、湾岸戦争勃発。ドイツは多国籍軍の一角を占めていたが、日本同様、ドイツ基本法に照らし合わせて軍の派兵は違憲と判断され、軍隊はイラクに行かなかった。軍事支援はNATO域内における海軍の派遣と二一九名の兵士を乗せたアルファジェット戦闘機四三機、救助ヘリ二機、フクス装甲兵員輸送車二台の拠出に限定された。戦争に直接参加しない代わりに、一七〇億マルクの財政支援をする「小切手外交」をとった。これはアメリカをはじめ不興を買い、ドイツ連邦軍のNATO域外を対象にした海外派兵問題が世論の議題に上るようになった。

一方、兵役拒否申請者は湾岸戦争以降一気に増えた。一九九一年は一五万人を超え、以降は一六万、一七万人前後を推移していく。一九九七年の時点で一五万五〇〇〇人。

兵役に就く者とほぼ同数の数にあたり、無事、認定許可を受けた約一三万人は非軍事的役務として介護や看護、在宅援助、障害者援助などの対人奉仕に従事するほか、環境保護活動などのボランティアについた。期間は兵役より三ヵ月ほど長い。ころころ変わったが一九九一年時点では一〇ヵ月の兵役、一三ヵ月の非軍事役務だった。これは基本法の文言にある兵役と代替役務は同期間であるべきとする原則に反するように思われるが、兵役従事者は徴兵期間が終わってからも軍事演習に参加する必要があり、それもあわせればだいたい同じ、ということが根拠とされた。だが実際には三ヵ月もとられるわけではないため、議論の対象となっている（二〇〇〇年兵役は一〇ヵ月、代替役務一一ヵ月、二〇〇四年にはどちらも九ヵ月、さらに二〇一〇年には両者が六ヵ月となった）。

徴兵制度が導入された当初から七〇年代にかけて、兵役拒否者は世間ではさげすまれてきたが、八〇年代になると社会的認知も進み、東西の雪解けのなかで緊急の戦争状態が考えづらくなった時代をへて、再統一後以降はドイツの介護・福祉業界にとって、なくてはならない労働力となっていく。今ではツィビィ（Zivi, 民間役務 Zivildienst の略）と、リスペクトと愛着をもって呼ばれる。ツィビィで覚えた介護知識・救助知識は、その後の人生にも役立つようだ。道端で倒れた急病人や老人に、救急車が到着するまで手際よく応急処置をほどこすドイツ人をよくみかけるが、「あなたは医者か看護師？」と聞くと「そうじゃない。ツィビィで覚えたから、これくらいはできるよ」という頼もしい答えが返ってくる。こんな場面に遭遇すると、ドイツが担ってきた歴史の信頼できる面をみているようで、胸が熱くなる。

ドイツ連邦軍はその後、明確に国防の範囲をNATO域外へ拡大していく。国土防衛は、国際的な紛争地域の平和維持活動がドイツの安全を守るために必要な行動という理屈が定着していった。

一九九二年からはサラエボへの救援物資空輸に人道援助として空軍が派遣。新ユーゴスラビアの国連経済制裁を監視するために海軍がアドリア海へ派遣。バルカン地域での活動は九六年までつづいた。

一九九三年、カンボジアへ国連のPKO活動のために派兵。NATO域外への初の派兵となった。同年、アフリカのソマリアへ一六二〇名の兵士が派兵。批判は盛り上がった。調査報道雑誌『シュピーゲル』の同年四月二六日号の表紙には、「ドイツ人が戦争へ？」という言葉が躍る。その下にはドイツの国章になっている黒い鷲がヘルメットをかぶり、銃をもったイラストが描かれている。初めの記事のリードにはこうある。「ソマリアはほんのはじまりに過ぎない。ボン政府は、ドイツ連邦軍の兵士を世界中で平和のために闘わせたいと考えている。しかしこのアフリカへの派兵においても、人道的活動と称されているものが、戦争になる可能性がある。外交政策は方向性を失っており、戦争が再びドイツにおいて政治の手段になろうとしている」

一九九六年、旧ユーゴスラビア解体からはじまったボスニア紛争後の平和維持活動のために、ＮＡＴＯを中心に平和安定化部隊ＳＦＯＲが創設され、ボスニア・ヘルツェゴビナに駐留を開始。三七ヵ国が参加する多国籍部隊で構成され、ドイツ連邦軍も参加。任務は戦闘行為の防止、平和の安定化、関係の正常化にあたることだった。

そして事件が起こった。ＳＦＯＲに参加していたドイツ連邦軍の二人の兵士が、友軍の誤射によって死亡したのだ。

わたしの目の前にいるドイツ連邦軍の兵士は、望むと望まざるとにかかわらず、こんな歴史や背景を背負っている。

いつの時代も同じだ。指導層がいて号令をかけて戦争を起こす。勉強のできる頭のいいエリートが作戦を練り、若い者が死んでいく。民衆は傷つき、悲しみ、喪に服し、もう二度とこんなことはイヤだと思う。だがまた数年たつと戦争がはじまる。原因はといえば領土、政治、経済、民族、宗教、人種などそのどれかが問題化するか、その混合か。いずれにせよ、その繰り返しだ。第二次世界大戦でボロボロになったドイツが戦後再軍備され、兵士を必要とするアメリカ・ソビエト・東西ドイツの支配層の意思のもと徴兵制がスタートし、次の戦争に備えてきた。

そして今、ベルリンから一二〇〇キロ離れたサラエボで、ドイツ兵三〇〇〇人がＳＦＯＲの一員として駐留している。

わたしが乗っていたのは、ポツダム行きの都市近郊電車Ｓバーンだった。兵士はどこに行くのだろう。ポツダムから南西二五キロにある郊外には、マツの森に囲まれた連邦軍のレーニン演習場が広がっている。東ドイツ時代には国家人民軍の落下傘部隊が駐屯していた場所だ。レーニンという名前はロシアの革命家とは関係なく、土地の名前で、スラブ語で雌ジカを意味するという説が残っている。

レーニン演習場に関する連邦軍の公式ホームページの説明はこうだ。広さは七二三三ヘクタール。東京ドームの約一五〇〇倍。歩兵部隊の射撃訓練場があり、市街戦、森林戦、追跡車両を使った作戦行動などあらゆる場面を想定した訓練施設をそなえ、大隊の実践演習にも使われる。兵舎は約二〇〇〇人の兵士が収容可能。日常からは隔絶された土地だ。

彼はそこへ向かっているのだろうか。兵士は自分の長い指を折り曲げ、爪を噛んだ。そしてぶつぶつ語りつづけている。わたしはじっと耳をすました。

「夜だった。ドイツ人兵士はおそらく、明日が土曜日ということで、外で一服をつけていたんだろう。月を眺めながら。夜空は晴れて満月がぽっかりとでていた。銃後の町だ。町明かりは少なく、月明かりがいっそう際立っていただろう。月光が二人の影を落としていたに違いない。音もない夜だ。きれいなもんだ、なんて一人の兵士は気楽なことをいっていたに違いない。そのときだ。二人の兵士のもとへ、いきなり偵察用戦車から六発の砲弾が飛んできた。誤爆だよ、まったくの誤爆。手違いで砲弾が飛んじまったんだ。なぜって、その戦車はドイツ連邦軍の戦車だったんだからな。ばかばかしいと思わないか。サラエボのために、ドイツ人がドイツ人をふたり殺した。体は肉片になって飛び散った。兵隊の命なんて軽いものだ。家族も兄弟も恋人もいただろうに、そんなことはおかまいなしだ。月の夜、砲弾が降ってくる。満月と砲弾の組みあわせだ。まるで詩だな。満月って砲弾に名前をつけたらいいのさ。満月がいきなり降ってきて爆発する」

電車が停車し、三人の若者が乗ってきて兵士の横に座った。男ひとりに女ふたりの楽しそうな一団で、兵士とは同じジェネレーションに属していた。みな一様におしゃれをし、おしゃべりに花が咲き、あたりには青春の真っ只中を謳歌しているといった空気をまき散らしていた。

明るい顔をして白い歯をみせて笑い、まったく屈託がない。ひとりの女の携帯がなった。今そっちに向かっているわ、ふたり一緒だから、楽しみに待っててね、あと、三〇分くらいでつくわ、うん、わかった、チャオ、なんて会話だ。兵士はこの三人が横に座ったとき、少しの間むっつり黙った。が、その青春の明るさを握りつぶすかのように、突然、ひとりごとを再開した。声が少し大きくなった。

「だからばかばかしいんだよ。本当にこんな愚劣なことがあっていいのか。二人も死んでいるんだ」

若者三人組が、突然のことに目を丸くしていっせいに兵士をみた。自分たちに話しかけてきたのかと思ったのだろう。兵士は目もくれず、代わりに制服の胸ポケットから安全ピンを取り出した。

何をしだすのか、みなが注視した。兵士はいきなり、左手の袖を捲り上げて、こぶしをぐっと握りしめ、自分の腕を眺めた後、安全ピンをとつぜん腕にぶっ刺した。

青春三人組の顔から笑いが消え、女が押し殺したように、うえええっと声をあげた。みんなみていられない、と顔を背けている。安全ピンは腕の肉を刺し、皮膚を通って、また外に出てきた。そしてピンは留められた。兵士がつづけた。

「こんなものは、痛くもかゆくもないんだ。二人の兵士が死んだ。オレも死ぬんだ。ばかばかしい。すべてばかばかしい。オレはその記事を新聞で知った。新聞を読んでいる間タバコを吸っていた。その火種が知らないうちに、素足のオレの足の甲に落ちてきた。ひとの皮膚が焼ける臭いってのは、くさいもんだ。でもすぐに火は消えた。皮膚に小さなやけどができて、灰が残った。ふうっと、吹き飛ばすとみんな消えちまったんだ。みんなだ。ばかばかしい。満月が落ちてきて、二人の首が吹っ飛び、風が吹いて、後には何も残りませんでした、めでたしめでたし、ってわけだ」

兵士の真横にいた女が、まるで自分の足元にゲロでも吐かれたように、ずずっと席を離そうとして、となりの男に合図した。女の口が、おかしいのよ、頭が、なんかあったんじゃないの、などといっている。兵士がまた、安全ピンをはずし、別の所にまた刺しとおし閉じた。また女がうぇえええええと顔をそむけた。

青春謳歌チームの男が思い切って声をかけた。

「痛くないのか？」

兵士はやっと自分の思念の海から浮き上がってきて、海面に頭を出したような表情になった。

「何が？」

「安全ピン、そんなに刺して痛くないのかい？」

兵士がニヤッと笑って、ピンを四つ出した。「おまえも試してみなよ。そしたら、わかるよ」

「いいよ、遠慮しとく」と顔をしかめながら青年が言った。

「じゃあ、おれがやる」と兵士はピンを全部自分に刺し、皮膚を通過させ、また針を出し、閉じた。腕に全部で五つの安全ピンが並んだ。遠くからみているわたしには、大きな縫い後のようにみえた。血がにじんでいる。三人組は意気消沈してしまい、電車に乗ってきたときの明るさが消えうせた。

「こんなもの、痛くもかゆくもないよ」

奇矯な行動をとりながら薄ら笑いを浮かべている兵士と屈託のない若者たちの落ち込みよう、まるで芝居の舞台でもみているようなコントラストぶりだった。

安全ピン遊びがつまらなくなったのか、兵士はまた自分の思念にもぐっていった。ピンを外すとなく、まくっていた袖をもとにもどした。そしてひとりごとを再開した。パシッと自分の拳骨を手のひらに押し当てた。その音に、横の三人がびくっとふるえた。

「愚劣だ。本当に愚劣だ。ドイツ兵が死んだという記事の裏に、〝真の謎〟というジグソーパズルが掲載されていたんだ。どうしてこうドイツ人ってのは、ジグソーパズルが好きなんだ。どの新聞にも載っているし、どの雑誌にも載っている。どうしてこうまでばかばかしい国民なんだ。〝真の謎〟ってパズルの二行目の答えが何だと思う。あの例のモデルの名前だ。何だっけな。たいして美人でもないくせに、写真週刊誌に自分の乳首が写っただとか、写真を載せられたとかで、息巻いている馬鹿女だ。裁判沙汰にしてやるって、毎日テレビや新聞にでてきちゃ、わめいてやがる。てめえが、サラエボにいきやがれ。そして吹っ飛ばされろ。てめえが死にやがれ。乳首がみえたくらいでなんだ。乳首と命、どっちが大事なんだ？　世間の人間どもには女の乳首の方がよほど大事なんだろうな。乳首の写真が掲載されたとたんタブロイド紙が売り切れたってんだからな。平和ってのは、まったく愚劣だ。救いようのないばかばかしさだ」

まったくのニーチェぶりである。ちなみに乳首問題のモデルとは、おそらくヴェローナ・フェルドブッシュのことだ。彼女は男たちがみる『Peep』というスケベ番組の司会をやっており、毎回、座ると太ももがあらわになる短くてぴちぴちのワンピースを着て、乳首がみえるかみえないかのぎりぎりまで胸元を大きく開けているのだった。

今度は兵士が左腕の安全ピンを全部ぬくと、右腕に刺しはじめた。刺しながら、たまに自分の眉毛をむしった。右腕にも血がにじんだ。五本の安全ピンが刺されて、閉じられた。

何かにおびえているのだろうか、と思った。わたしは、横浜のあるバーテンの話を思い出していた。彼が少年院にいたころの話だ。グラスをふきながらバーテンは言った。

「まわりのやつらがみんな、不安や恐怖に襲われるときまって眉毛をむしるんです。だから、なかにいるやつ、みんな眉毛がなくなっちまうんですよ」

兵士の眉毛はかなり薄くなっていた。兵役中、酷ないじめにでもあったのだろうか。あるいは本当にボスニアへの派遣が決まって死の恐怖に耐えているのだろうか。それとも単なる変わり者なだけなのだろうか。わたしには判断がつきかねた。

兵士の呪詛はつづいた。「満月と砲弾と女の乳首とドイツ兵の吹っ飛んだ首ふたつだ。この因果関係はどうなっているか、とことん考えるべきなんだ。これがいまの時代なんだ。乳首ははずしちゃいけない。そうじゃないとこの世界のばかばかしさが、この世界の愚劣さが、とけない。女の乳首だってよ。戦車の砲弾で、首じゃなくて乳首が吹っ飛ぶ。ひひひひひひ」

いよいよたえられなくなった三人組は立ち上がって、隣の客車に移動した。女は親切にもわたしに合図し、目を細めて、首を振った。ここにいちゃダメ、と言っていた。わたしはうなずいて、思いやってくれてありがとう、と合図した。だがわたしは兵士の動向が気になった。

「不潔な連中は消えるがいいんだ。自分たちがさも幸せで、美しい場所に生きているんだとでも思い込んでいる連中は、病んでいるんだ。自分が足元からこの世の塩酸にひたされていることを知らずに、笑顔をつくり、おしゃべりをし、それがひとを苦しめていることすら気がついちゃいない。そういう無意識に悪を犯している連中が、戦車の砲弾の発射ボタンを押してしまったのさ。砲弾は飛んだ。一瞬だったが、銀色の砲弾に月光が宿り、黄金色に輝いた。それがみせかけの世界の美しさだ。それがドイツ兵ふたりの首を吹っ飛ばした。そうだ、二人の兵士は人助けという皮をかぶってサラエボに送られた。でも本当は人助けで派遣されているわけじゃない。いつも戦争はそうだ。人道支援の目的でおこなわれ、ひとを殺すわけだ。まったく人助けは悪質だ。それが砲弾に変わった。二人の兵士は、きっとあくびをかみ殺して、次はいつ女を抱けるか話していたに違いない。乳首は隠されている。それはあばいてはいけない真実みたいなものだ。それをおおっている布切れに手をかけて、あばこうとした者は吹っ飛ばされるというわけさ。でも爆発する一瞬、立ち上る炎が病んだ社会や病んだ世界、病んだ人間どもを照らし出し、丸見えにするんだ。オレに砲弾が当たって体が燃えあがれば、やつらはおのれの姿を恥じるだろう。サラエボに行きたいな。あそこで砲弾に吹っ飛ばされる瞬間だけ、真実をみせることができるわけだ。危険な賭けだな。生きて真実を隠蔽しつづけるか、本当の事を知らせて死ぬか……」

兵士は突然黙った。ぷっつり糸が切れたみたいだ。首がうなだれた。そして、今気がついたとでも言いたげに、いきなり頭をもたげると大声で叫びだした。

「いてえよ、おい、いてえじゃねえか。なんだよ、くそ、この安全ピンがいてええええ」さっきまで痛くもかゆくもない、と言い放っていたのに、普通の神経が復活したのだろうか。右腕のひじを左手で支えて、安全ピンの刺さっている腕を痛がり出した。「いてええ、いてえええ、いてえんだよ、くそ」

訳がわからない。やはりちょっと気が違っているのかもしれない。わたしはどうしていいかわからず、ただ兵士をみつめていた。

兵士は一本一本の安全ピンを、まるで刺し貫かれた剣のように、抜いては息をはき、抜いては深く息をはいた。ぜんぶ抜き終わると、へとへとになり、汗をびっしょりかきだした。あごから汗が滴っている。長い行軍の果てに目的地にたどり着いたように息を荒くした。

やがて電車はわたしの目的地についた。わたしは降りなければならなくなった。兵士の動向を観察することはできなくなった。狐につままれたような気分で、電車を降りた。

いったい、何だったんだろう。わたしはいそいでキオスクで新聞を買った。確かに兵士のいっていた事件が載っていた。

現場はボスニア・ヘルツェゴビナの首都サラエボから北西一二キロにあるライロヴァッ。ここにはもともとユーゴスラビア軍の軍用飛行場があり、現在はSFORの重要な軍事拠点になっている。一九九七年の一月、ドイツ連邦軍が駐留してきた。周辺にはユーゴ軍の古びた兵舎と破壊された家々があり、激しい戦闘の残骸がそこここにあった。大量に散らばるブービートラップ（偽装爆弾）、地雷、壊れた兵器などが取り除かれ、キャンプが設営された。連邦軍が運び込んだのは、事務所と住居と衛生施設となるコンテナを一〇〇〇個だ。このキャンプには一九〇〇名のドイツ兵がいる。

五月二三日金曜日、午前九時三〇分直前。一二名の兵士が偵察に出発するため、準備に忙しく動いていた。ルクス偵察用軽戦車の兵士が武器や装備の点検中、突然砲口から五～六発の砲弾が発射され、目の前にとまっていたフクス装甲兵員輸送車に命中。弾はフクスの内部を貫通し、なかに座っていた味方の三名の兵士に着弾。すぐに現場の衛生兵が三名を運び出し、病院コンテナに移送したが、間もなく二名が死亡した。一人は二三歳の上等兵曹マティアス・コッホ、もう一人は二五歳の兵長トロステン・スティッピヒ。二人はドナウエッシンゲンの狙撃兵大隊二九二に属し、ボスニア・ヘルツェゴビナのライロヴァッツに着任したばかりだった。一九九二年に平和維持活動によって海外派兵がはじまって以来、ドイツ連邦軍の犠牲者はこれで五人になった。電車の兵士は夜の事件としていたが、実際には朝だった。自分が経験している夜の歩哨の風景とダブらせていたのかもしれない。

時間が飛ぶが、この事件は二年後の一九九九年六月、ヘッセン州エシュヴェーゲの簡易裁判所で判決が下された。砲弾を発射したとされる兵士は過失致死と過失暴行により、執行猶予つき六ヵ月の自由刑（禁固刑）。判事は事件の概要をこう説明した。当時二九歳だったヘッセン州ゾントラ出身の偵察部隊の指揮官は、戦車の搭載砲がほぼ発射態勢になっていたにもかかわらず、攻撃システムの故障を調べるために、あちこち点検していた。戦車の前方には味方の装甲車が数台並び、搭載砲は目の前の装甲車に狙いが定まっていたために事態は重大化した。

一方、被告人は法廷で、なぜ搭載砲が発射されてしまったのかを自分では説明できなかった。被告は、戦車が発射態勢にはないと確信していた、と主張。調査官は、発射の原因は操作における技術的な欠陥によるものではなく、被告かまたは横に座っていた狙撃兵が発射装置に触れてしまったに違いない、と結論づけた。裁判官は、あくまで犯罪行為ではないことを強調し、結果が重大なために罰金刑は不可能とした。死んだ二人の兵士も、過失致死で殺してしまった兵士もみな二〇代だ。

全員が被害者、という気がしてくる。ならば、加害者は誰なのか。考えだすと一筋縄で答えがだせるわけではない。戦争のきっかけとなる国家や民族や宗教や神という、人間が頭のなかで考え出した「概念」が悪い、といいたくもなってくる。つまりそんな概念をでっちあげる人間という存在自体が悪いのだと。だが、そんな答えを聞いて、死んだマティアスとトロステンが納得できるはずがない。国家や軍隊が、彼らの死を愛国的犠牲と名づけてどんなにたたえたとしても、あまりに不条理だし、被告となった若者が人口わずか八〇〇〇に満たない山にかこまれたドイツ中部にあるゾントラという田舎町の出身だと知り、執行猶予で禁固刑は逃れたとしても、彼や彼の家族が小さな町に閉じこもって、どれほど苦しんでいるかを想像すると、もっとやりきれなくなる。

加害者はやっぱり人間全員か。まるでこの世は地獄じゃないか。電車の兵士の方が、もしかしたら、まともなふりをしているわたしより、よほどリアルなものを見定め、まともな反応を示しているだけなのかもしれない。

彼が兵役義務をつとめるだけなら、数ヵ月の生煮え兵士をタフな現場に派兵させることはほぼないと思われるが、もし彼がプロの志願兵として戦地へ赴くことになるなら、無事を祈らずにはいられない。兵士のひらいた瞳孔の残像が、頭に残っていつまでも離れなかった。

二〇一一年、ドイツにおける徴兵制度は廃止された。

第四章　ポツダム広場の日本人料理人

初夏の夜、外に出ると風が気持ちよかった。ベルリン、オラニエンブルガー通りのカフェ・ジルバーシュタインで、日本人仲間数人としこたま飲んだ夜だった。大騒ぎして、酔っ払ったまままみんなで走った。さらにアルコールが体にまわった。息を切らしながら、肩を組んだKの太い腕に、らせん状の太いチェーンのタトゥが入っているのが目に入った。その下にはアルファベットの文字が彫り込まれていた。

DROOM

ドイツ語でもなければ、英語でもなかった。どういう意味かたずねた。

「夢さ。オランダ語で夢。アムステルダムのタトゥ屋で入れたんだ」

「でもなんでチェーンなの?」

「夢を自分の人生にしっかり鎖のようにつなげて実現したいって思いさ。しっかりしばりつけて、かならず実現するんだって。だからDROOMが鎖でオレの体にしっかりむすびついている」

「いいな」わたしは言った。明確に自分の進むべき道を確信し、その道に迷いなく邁進して努力でき、何のてらいもなくそれをタトゥにして表現しているその姿がカッコいいと思ったのだ。

寿司職人のKの夢は、ヨーロッパの町で自分の店をもつことだった。その夜の飲みは多少荒れた。Kが日本から呼び寄せた女性との暮らしに終止符が打たれ、その憂さ晴らしだったたからだ。若いふたりが暮らしだしたアパートのテーブルの壁には、将来もとうと夢みる店のスケッチが飾ってあった。ベルリンの現代アートシーンで活躍しはじめた仲間にイメージを話し、ラフに描いてもらったものだった。明るい雰囲気の店内。彼女とふたりでいったギリシャのサントリーニ島の家々の真っ白い漆喰壁にヒントをえて、白ではなく、少し太陽があたって黄色くなっているようなイメージの壁がほしい。

しかし、まったくドイツ語ができなかった彼女は慣れない海外暮らしがじょじょにストレスになっていた。Kがドイツで走りつづける道の伴走に、息切れしてきたのだ。

ある夜、彼女はそのスケッチを取り上げて、床に投げつけた。ふたりの間に怒号が飛び交った。同棲があと少しで二年目を迎えるころ、彼女は日本へ帰っていった。Kはまた身一つになった。海外の一人暮らしには慣れているつもりだったが、疲れて帰ってくるアパートで、ひとりでビールをあおると、やはり寂しさはつのった。やめていたタバコに火をつけても、文句を言う者は誰もいない。それでも夢の途上だ。孤独を酒で洗い流したら、また前に進むだけだった。

Kは大阪に生まれた。一九九〇年代の初頭、大学に入るために上京した。東京はつまらない町だった。まだバブルの残滓がそこここにあって、すべてがペラペラに思えた。大学に行っても、バイト先でも、何がおかしいのか、まわりの連中はいつも笑い転げていた。親には申し訳なかったが、一年で大学をやめた。海外に行きたかった。海外で仕事ができないか、模索していた。手に職をつけ、それを海外で展開したいと思った。

ヨーロッパに行けないだろうか。深夜のコンビニで、アルバイト雑誌『ガテン』をペラペラめくっていると、ベルリンの日本食レストラン『S』が、三年契約でコックを募集していた。これだ、と思った。アパートに戻ってすぐに手紙を書いた。採用が決まった。大学に受かったときよりうれしかった。

ドイツがどんなところか知らなかったし、ドイツ語もまったくわからなかったが、喜び勇んでベルリンへ向かった。一九九三年のことだった。ベルリンの壁は崩壊し、ドイツは新しい国として出発したばかり。ベルリンの町はいたるところ工事中で、新しい時代の風が吹きはじめていた。

仕事場となる日本食レストランは、ベルリン西部シャルロッテンブルク地区のサヴィーニプラッツにあった。そこは高架線路のつらなりの前に面していて、緑の芝と植え込みとレンガの台の上に載ったブロンズの像が目立つ瀟洒な公園が広がっていた。公園の木々は古く、長々と手足を伸ばして立っていた。

その一角には三つの通りが交差していた。高架下と周辺にはこじんまりしたオープンテラスをもつレストランが多く、映画館、ブティック、高級ホテル、楽器屋、楽譜屋などがあった。小さな通りを入ると数軒、夜の店もあった。七〇年代くらいまでは、その手の店と賭場が集まる一角だったそうで、今ではすっかり減っているが、夜になると確かに高級アパートの三階や四階の窓枠がピンクや黄緑のネオンに縁どられ、昼とは違う顔をみせるのだった。

ベルリンやデュッセルドルフなどの日本食レストランは、Kがベルリンで本格的に働きだした九〇年代の中ごろ、ちょうど過渡期にあった。それまでドイツの大都市にあった日系レストランは現地の日本人駐在員とその家族を主な顧客にしていた。七〇年代、日本経済が国際化していくにしたがい、日本人の働く場所には日本食が食べられる場所が必要だった。企業人が接待や商談で使えて、日本的な行き届いたサービスを提供する値段のはる店と、日本人旅行者や留学生、若い社員などの中間層にも手の届くリーズナブルな店に二分されていた。そこへ足を運ぶドイツ人は、一部の日本好きや日本経験者に限られていた。

それが二〇世紀末に近づくにつれて変わりだした。アメリカのロスアンジェルスやニューヨークのアッパー層で人気になった寿司ブームが欧州に飛び火し、おしゃれでヘルシーな食べ物として一般のドイツ人の間でも注目されはじめたのだ。とはいえ、肉料理中心の食生活で、生魚を食べる習慣のないドイツ人にとってすぐに手が出るものでもなく、よく食されたのは巻き寿司、しかもカリフォルニアロールだった。これはもともと海苔をみたことがなかったアメリカ人に黒いぱさぱさしたみた目が受けつけづらかったため、海苔をなかに巻き込むとわからないという理由で開発されたもので、ドイツ人にも手が伸ばしやすかった。こうした寿司を入り口に丼ものや焼き鳥、麺類などにもじょじょに興味がもたれはじめた。生食に抵抗がある西洋人には鉄板焼きが受けやすかった。

寿司がトレンドになると、日本人だけでなく、ドイツ人やドイツに定着しているベトナム、中国、韓国系移民たちが経営する日本食レストランも多く誕生し、本来の日本食とは似ても似つかないものが提供される傾向があった。その点、Kの店は料理人もみな日本人で、本来の日本の味を目指していた。客は日本人、ドイツ人、そしてよく目についたのがロシア人だ。ロシア人はみなマフィアにしかみえなかった。まじめなビジネスマンもいただろうが、見分けがつかないのだ。彼らの風貌は目立った。体がとにかく大きく固太りで、イタリアやフランスのブランドスーツを着ていた。大きすぎる金の時計をつけ、指にはいくつもダイヤの指輪をしていた。そして必ず高級娼婦と思しき、ぴっちりしたラメつきのワンピースに身を包んだ細身の女たちを一人二人連れてくる。女たちはお世辞にもシックとはいえず、ひとでも食ってきたのかと思えるような真っ赤な口紅をつけ、きつすぎる香水をつけている。男たちの支払いもみものだった。いつも札束をまるめて背広の内ポケットかズボンに押し込んでいて、それをおもむろに取り出すと、指をなめて札を数えるのだ。チップは弾んでくれた。

先輩料理人たちの話によると、まわりにはロシアマフィアがオーナーの店も多いそうで、最近開店したばかりの近くの日本食レストランのオーナーもその筋の人間だという。

なぜロシア人がそんなにはぶりがいいのか、最初は不思議だった。働きだして、じょじょに事情がつかめてきた。ソビエト連邦が崩壊してから混乱した内政事情から逃れるように、どっとロシア人がドイツに入ってきた。その数、三〇〇万に上るといわれる。九五年当時公式にはベルリンに四万五〇〇〇人のロシア系住民がおり、不法滞在者は七万人を超えるとされていた。

彼らは生活のために、ロシアからもち込んだ品物を何でも売りさばいた。高価な絨毯から宝石の類、ソビエト赤軍の赤い星のついた制帽や軍服、レーニンのバッジ、とくに聖像画《イコン》は高く売れた。イコンはロシア正教徒が祈り、口づけする聖なるものだったが、それをドイツ人が高く買ってくれたのだ。庶民たちの旺盛な生活力がかならずしも清浄とはいかない。盗品を売る者や闇市場のブローカーもいたし、さらにはソ連崩壊という時代のどさくさに紛れて一気に大きくなったロシアマフィアの面々も混じっていた。ＢＢＣの取材によればロシアマフィアには、元ＫＧＢのメンバーや元アフガンの帰還兵たちが行き場を失い、自分の腕や胆力を組織に売り込み、活動する者も多いとされる。共産党の解体に伴う国有財産の払い下げから大きくなっていった新興財閥のはしくれや、その末端に食いつき悪を働く者、よくある裏稼業、麻薬売買、拳銃取引、密造ウォッカ売買、マネーロンダリング、売春、賭場などを請け負う者もいた。彼らは裏だけでなく、飲食店経営など表の稼業にもどんどん進出していた。ロシア人の勢いがＫのレストランでの食いっぷりからもうかがわれた。それは寿司を味わうというより、高いものをがつがつ食いつくすという趣なのだった。

Ｋはひたすら包丁を握った。ドイツ語をみがく暇はなかったが、上質な料理は言葉を介さなくても、相手にも通じるということに感動した。

とはいえ、ドイツ語ができないと困るのも確かだ。仕事が終わって、ストレス発散に遊びに行った。アデナウワープラッツにあるディスコだ。入場の際、上着を預けることになっていた。店の人間がしきりに何か言っているが、それがわからない。こちらが外国人だから、入れてやらないと言っているのか。バカにされていると思ってごねたが、向こうも強情で入れようとしない。

こうなればとことんやってやる、という気になった。向こうは、クロークの壁に貼ってある紙をさして、バンバンたたいた。紙とボールペンを借りると、そこに書いてある文字を書き写し、急いで家に戻った。辞書をひいた。やっと事情がのみこめた。

こう書いてあったのだ。「当店がお預かりする上着に関し、もし万が一紛失した場合には当店は一切責任を負いません。それに同意した上で、ご入場ください」

なんのことはない。よくある免責事項の一つだった。急いでディスコに戻り、激しく同意して、やっと入場した。その夜は踊りまくった。仕事の三年契約が切れるころ、今のドイツ語力ではまずいと思った。将来ドイツで店をもつ可能性も念頭にあった。そこで、一年間びっちりドイツ語学校に通うことにした。ベルリンで社会保険料はきっちり払っていたから、ドイツ連邦労働庁から失業手当を受けられることになった。

ドイツで失業手当をもらう条件は三つ。連邦労働庁のホームページに詳しく記載されている。

一、現在失業していて、週一五時間以上の労働に就いていない者。
二、失業する前の過去二年間で、社会保険料の納入が義務づけられている職に一二ヵ月以上就いていた者。
三、ドイツ連邦労働庁に失業者登録をした者。

金額は給料の六〇％。子どもがいる場合は人数に関係なく六七％。給付期間は、雇用期間と年齢によって異なるが、二四ヵ月を最長に、過去五年間の間に一二ヵ月以上社会保険料を支払った場合は半分の六ヵ月、一六ヵ月以上は八ヵ月、二〇ヵ月以上は一〇ヵ月、二四ヵ月以上は一二ヵ月、三〇ヵ月以上は一五ヵ月、三六ヵ月以上は一八ヵ月、四八ヵ月以上は二四ヵ月となる。また年齢によっても異なり、五〇歳以上には一五ヵ月間、五五歳以上には一八ヵ月間、五八歳以上には二四ヵ月間支給される。失業手当の給付は六四歳まで。

Kの労働期間は三六ヵ月で一八ヵ月の給付期間だ。男の一人暮らしに入り用なものなどなかったから、一年は稼ぎがなくても十分生きられる計算だ。

人生ではじめてまともに学校へ通った。口語に weiß du という言い方がある。英語でいえば you know だ。ドイツ語には「Sie（あなた）」という敬称と、「du（きみ、おまえ、きさま）」という親称がある。前者は年上や見知らぬひとに使う敬語で、後者は友人や家族、同僚、年下の者、子どもなどに使う。これを自分より若いガイジン生徒たちが、こちらに話しかけてくるときに連発する。Kの耳には「おまえ、知っとるか」「おまえ、わかっとんのか」と言っているようにひびく。上下関係が厳しい日本料理の世界にいるKには最初、気にさわって仕方がなかった。年下の者がその言い方は何事だ？と思った。それが英語と同様、「ねえ、あのさ」とか「〜じゃん」という程度の意味でいっていることを知って、ムカつかなくなったということもあった。

ホモセクシャルの先生に言い寄られたりして困ったこともあった。ある日、先生と一緒にレインボーフラッグがゆれるカフェに行くと、そこにはそういうひとびとがたくさんたむろしていて驚いたりもした。虹がホモセクシャルたちのシンボルだというのはそのとき知った。

語学学校時代が終わると、縁あってポツダム広場に間もなく開店する五つ星ホテル グランドハイアット・ベルリンのレストランの日本食料理人として働くことになった。一九九八年のことだ。ポツダム広場はベルリンの古くて新しい顔だった。ベルリンの中央部に位置し、場所柄、交通の要所として栄えてきた。

日本の歴史になじみのある「ポツダム宣言」のポツダムと関係がないわけではない。そのポツダムはベルリンから南西約三五キロの距離にあり、車か電車で四、五〇分でアクセスできる。プロシア王国が華やかなりしころ、ポツダムの町にはプロシア王家の者たちが夏を過ごす宮殿や避暑地が点在し、ベルリンとポツダムは大きな街道で結ばれていた。一七三四年になるとベルリンの町を取り囲む都市城壁が建設され、その際、この広場に「ポツダム門」が建てられた。この門がポツダムから来る道とポツダムへ行く道の起点になった。そのため、ここがポツダム広場と呼ばれることになった。一八三八年、ベルリンとポツダムが鉄道で結ばれると、市内交通の一大拠点に発展。周囲にはデパートやホテルやカフェが建ち並び繁華街になっていった。一九二〇年代、三〇年代は欧州経済の中心地としてその名をとどろかせたが、第二次世界大戦中、地上戦と空爆により広場は壊滅、廃墟となった。戦後、ベルリンは東西に分断された。ベルリンの壁が建設されると、ポツダム広場は誰も近づけない無人地帯となり、かつて富とネオンをほこった町は跡形もなく消えさった。

一九八九年にベルリンの壁が崩壊し、ドイツが再統一されると、この土地の再開発事業がスタートした。「再び欧州の中心地へ」「東西の融合する町」「歴史と明日が出会う場所」など官民がそろって盛り上げはじめ、ベルリン市政府は広場を四つのパートに分けて、巨大資本に払い下げ、打ち上げ花火を上げるような再開発の熱い渦が展開されはじめた。Ｋが九〇年代中期にベルリンにきたころ、ポツダム広場はヨーロッパ最大の工事現場と呼ばれ、無数の巨大クレーンがくるくるまわり、見事なワルツを踊っていた。

目立つのはダイムラーベンツがけん引したダイムラー・シティと呼ばれる一角と、ソニーがけん引したソニーセンターだ。ソニーセンターはサーカスのテント小屋のような大きな屋根が印象的な複合施設だ。まだソニーが世界のトップランナーだったころの話で、当時の大賀典雄社長がこけら落としにベルリンフィルを指揮したことで有名だ。大賀はもともと若き日に音楽家になるべくベルリンに留学していた経験があり、帝王カラヤンと出会っている。音楽センスをビジネスに生かしてCDを生み出すなどメイドインジャパンの代表選手だった大賀とソニーは、新しいベルリンの顔で日本《ヤーパン》という言葉をまばゆいものにした力の一部だった。

ダイムラー・シティは一流建築家たちの見本市といった趣だ。マスタープランと一四ある建物のうち四つを担当したレンゾ・ピアノを筆頭に、リチャード・ロジャース、磯崎新、ラファエル・モネオらが参加するオーケストレーションによって、近未来的な建物群があつまる鋭角的で傾斜のある一角となった。そのなかに、グランドハイアット・ベルリンがあった。

ハイアットの前に広がる広場はマルレーネ・ディートリヒ・プラッツだ。マルレーネ・ディートリヒ（英語読みではマレーネ・ディートリヒ。ドイツ人であることに終生こだわった彼女のためにここではドイツ読みのマルレーネを使う）はベルリン生まれの大女優。少女時代はバイオリンの稽古に精を出し、ヴァイマールの音楽学校の寄宿舎で暮らした。カントやリルケやゲーテにどっぷりはまるドイツ流の文学少女を地で生きた。だが、右手首の腱鞘炎でバイオリンをあきらめ、舞台女優を目指しはじめた。アメリカからベルリンにやってきたジョゼフ・フォン・スタンバーグ監督に見出され、一九三〇年制作の映画『嘆きの天使』で一躍名声を博す。キャバレーの踊り子役を演じ、セクシーな肢体を惜しげもなくさらして話題をさらった。まじめ一辺倒の学校教師がひざまずいて美しいディートリヒの足を目の前に驚くシーンは、滑稽さとエロスと自由がスクリーンいっぱいに映し出され聴衆をくぎづけにした。だが時代は三年後のナチ政権の樹立に向けて剣呑な土石流に飲み込まれていて、彼女はナチのプロパガンダを担当したゲッベルスから高額のギャラを提示されてナチ映画へ勧誘されるが、それをけってアメリカへ。ハリウッドのスター製造システムに組み込まれ、セックスシンボルとして世界的な女優にのし上がっていく。脚をみせれば世界一、タバコを吸えば世界一、流し目をすれば世界一。ベルリンの舞台や映画の世界はユダヤ系の人間が多く、仕事仲間やスポンサーたちがナチに弾圧され亡命していく過程で、ディートリヒも政治意識に目覚め、ドイツを捨て、アメリカ合衆国の市民権を獲得した。第二次世界大戦中はＧＩの慰問団として各地を飛び回り、「ハロー、ボーイズ」と舞台から米兵たちにマイクで呼びかける姿は有名だった。それでもドイツはやはり自分のふるさとだ。ドイツが自分の魂をはぐくんだと思うと心が引き裂かれたが、敵はドイツではなくナチス政権だと思うことで自分を鼓舞した。戦後ドイツにコンサートで入国すると「裏切者」とののしられ、唾を吐きかけられたこともあった。時代が前後するが、戦争終結直前、アメリカ軍がドイツ西部アーヘンのシュトルブルクに侵攻した際、ディートリヒもアメリカ兵の慰安部隊の一員としてそこにいた。だがドイツ人たちは彼女を大喜びで迎えた。土地の女性たちは歓待のしるしにケーキを焼いた。このときのケーキは人生で一番おいしかった、という。

七〇年代に入ると引退し、晩年はドイツに戻れず、パリに引っ込んだ。生粋のベルリン子で頭のなかにはドイツ観念論とリルケの詩がぎっちりつまっていて、しかも青春が過ぎ去った人間に、アメリカはあまりに軽薄な場所だったのだろう。以降、表に出てくることもなく、一九九二年、九〇歳でシャンゼリゼのアパートの一室で息を引き取った。遺体はベルリンのシェーネベルクの墓地に葬られた。

死のニュースがマスコミに出ると、ドイツでは彼女への批判が再燃。一般市民や一部の女優は「祖国の裏切り者」と呼び、ドイツ国内で計画されていたオフィシャルな記念式典は中止に追い込まれた。一九九六年にはベルリンの新しい通りに彼女の名前を冠することに対し論争が繰り広げられたが、一年後、完成しつつあったポツダム広場の一角に彼女の名を冠した広場ができることになった。それがマルレーネ・ディートリヒ・プラッツだ。広場の一角にはこんな顕示が掲げられている。「マルレーネ・ディートリヒ：映画とシャンソンのベルリンの世界的スター。自由と民主主義のため、ベルリンとドイツのために献身」。彼女は死ぬまで嘆きの天使でありつづけた。

さまざまな苦くも美しい歴史をしょいこんだ新しいポツダム広場に、Kという若い日本人料理人がひとり乗り込むことになった。グランド・ハイアットのレストランでは二つのタイプの料理を出すことになった。西洋料理と日本料理（寿司がメイン）だ。アメリカ系ホテルチェーンにとって、ここは欧州進出の第一号、今後の展開のためにも相当力が入っている。高級志向の寿司料理はアメリカですでに成功済み。欧州でも人気は定着しつつある。ベルリンでうまくいくか。その狙いはあたった。寿司を求めてやってくる客は途切れなかった。

場所柄、自信に満ちあふれた日本人ビジネスマンもいれば、ドイツの有名人もいた。あるとき、ブロンドの美人が華やかなオーラをふりまきながらカウンターに座った。どこかでみた顔だった。手を動かしているうちに思い出した。かつて銀盤の女王としてフィギュアスケート界に君臨した元東ドイツ人のカタリーナ・ヴィットだ。高校生のときにテレビでみた一九八八年のカルガリー・オリンピックの映像はよく覚えている。あれから一〇年たち、彼女はドイツで女優業やテレビタレントにも活動を広げていて、その美貌はまったく衰えていなかった。

西洋料理はホテル側が雇っている九人のドイツ人コックが担当し、日本料理はKがひとりで任されることになった。完全にアウェイでの仕事だ。ドイツ人客たちは四人できて、三人が寿司料理を、一人がドイツ料理を注文するというパターンが多い。その際、前菜であれ、メインであれ、デザートであれ、四名が食べるものをすべて同時にサーブする必要があった。ドイツ料理の準備が整っても、こちらが間に合わず「客を待たせるな、早くしろ」という指示がしょっちゅう飛び出す。

日本料理を知らないドイツ人コックに向かって「かつらむきで、つまを作ってほしい」とか、「さしみを切っておいて」と頼むわけにはいかなかった。

客席数は約一〇〇、大規模レストランの部類だった。いつも開店前の仕込みが間に合わなかった。高いレベルを保ちつつ、調理時間を短縮する技術がどうしても必要になった。

そんなとき、オスロー在住の腕のいい日本料理人のもとで学ばせてもらった経験が生きた。一ヵ月、店に寝泊まりしながら、大人数をさばく場合の窮余の策も仕込んでもらった。その一つが厚焼き玉子だった。

通常二〇分ほどかかる厚焼きを、五～六分以内で仕上げる方法だった。ゆっくり弱火で九～一〇回巻いていく定石をあえて壊し、強火を使って一気に作っていくのだ。といた卵のほぼ八割を卵焼き器に流し込み、火が入りやすいように菜箸でかきまぜながらかためていく。そして残りの二割を使って三回巻き、形を整えて仕上げるというものだ。客の予約数が多く、一度の仕込に三本作る際は、このテクニックは大いに役立った。厨房はオープンキッチンになっており、ガスコンロはドイツ料理のものを共有で使った。火の前に立つと、日本料理を知らないドイツ人コックたちは、手を止めてこちらの手さばきを興味津々見守った。

そのなかにシュテファンがいた。まだ二〇歳を過ぎたばかりの世間知らずで、一八〇センチほどの背丈があり、筋肉質の体から出る声は大きかった。ドイツ人コックたちは手を動かしながら、よく口を動かす。マイスターの前では黙っているものの、世代の近い同僚同士はいつも、ああでもない、こうでもないと議論をする。そのなかでも一番自己主張の強いのがシュテファンだった。根は悪くない男だが、ひかえることを知らない性格で、いつもひとこと余計なことを言った。働き出したころは、素朴な質問がよく飛んできた。「日本人は、毎日魚ばっかり食ってるのか？」とシュテファン。

「そんなことはない、肉も食うし、魚も食う」

「日本人は朝から寿司を食うのか？」

「朝、寿司を食うことはないけれど、朝食に魚を食うことはある」

「なに、朝から魚を食うだと？　信じられん」と首を横に振りながら、ドイツの同僚たちに、大きな声で報告するのだ。「おい、日本人は朝から魚を食うんだってよ、まったく気持ち悪いな」

いい気分はしないが、いちいち目くじらを立てている暇がなかった。朝食にはパンにハムやチーズがあれば十分というドイツ人にしてみれば、確かにそうだろう。文化の違いはこんなものだ。他国の人間が、自分の国の食べ物を「くさい、気持ち悪い、みた目が悪い」と感じることは多々ある。カップルや夫婦ですら食べ物の好き嫌いは分かれるのだから、国をまたげば、こんなことはありふれたことだ。だが味覚は広がる。知らなかった味と出会い、うまいと感じ、あたらしい文化が体に入ってくる。そして体はその食文化を育てた風土に対して、無意識に親近感を覚えていく。理屈ではないのだ。

その日も忙しい日になりそうだった。ドイツ人コックたちのおしゃべりが盛り上がるのをしり目に、Ｋは黙ってどんどん作業をすすめていた。火の前に立ち、厚焼き卵を焼きはじめた。初めてその作業をみたシュテファンがまた口を出した。

「何だおまえ、この忙しいのに、気楽に朝飯つくってるのか?」「え?」

「スクランブルエッグは朝食だけにしておけよ」

火が通りやすいように菜箸でかき混ぜているのを、そう表現したのだろう。

「これはスクランブルエッグではなくて、TAMAGOYAKIだ。日本料理の重要な一品で、幾重にも重ねて焼く技術のいる料理だ」

「あっそう。TAMAGOYAKI?　TAMAGOYAKI!」

シュテファンは日本語をさもおかしそうに繰り返すと、白い歯をみせて豪快に笑った。冗談のつもりだったらしい。そしてさっさと自分の持ち場へ行ってしまった。またもやカチンときたが、時間がなかった。怒る暇があったら手を動かせ、と自分に言い聞かせて作業をつづけた。

次の日の午前中も、また同じことが繰り返された。すっと背中にシュテファンがあらわれて、口を出した。

「お昼前の朝食づくり、たいへんだね、あっはっは」

笑い声を残して、またさっさと自分の持ち場へ向かった。シュテファンに悪気はなく、こちらをからかっているだけなのはわかっている。でも自分だけでなく、日本料理まで馬鹿にされたような気になるのだ。それだけは許せない。相手がこれからも一緒に働いていく同僚である以上、こちらの考えていることを面と向かって明確に伝えなければいけない。だが、その日もけっきょく時間に追われ、後片づけが終わらないうちに、相手はさっさと帰ってしまった。

そして三日目の朝がきた。コンロに火をつけた直後、シュテファンは鼻歌を歌いながら登場した。上機嫌のようだ。同僚たちに挨拶をすると、こちらに近づき言った。「今日もさっそく朝食かい？朝食は家で食ってきた方がいいぜ。あっはっは」

時間はなかった。だが、これは仕方がない。

「シュテファン、ちょっとこい。話したいことがある」

「何だ？」

「いいから、こっちへこい」

声に明らかな怒りがこもった。キッチン裏の、ロッカールームにつづく廊下にくるよう促した。こなかったら、腕をつかもうと思った。だが、こちらの真剣さが通じたのか、黙ってついてきた。厨房の忙しさからはなれて、二人だけになった。

Kは切り出した。「シュテファン、オレのやっていることをからかうのはやめろ。仕込みでこっちは朝食をつくってるわけじゃない。そんなことはおまえだってわかっているだろう」

シュテファンの顔が、何だ、そんなことかと言っていた。

「みればわかる通り、これだけの量の仕事をオレはひとりでやっているんだ。おまえたちみたいに、助けあえる同僚がいるわけじゃない。スクランブルエッグのようにかき混ぜながら火を通すのは、時間が足りないなかで、しっかりしたTAMAGOYAKIを作るテクニックのひとつだ。それをオレは一ヵ月かけて学んできたんだ」

背は向こうの方が高い。多少上を向く姿勢になった。もし何かあれば、みぞおちにこぶしは入れられると思った。長年、空手をやってきた。いまもクロイツベルクの極真空手道場へ通っている。

シュテファンが言った。

「あれは冗談《シュパース》だよ。本気で取るなよ」

「ひとの気分を害する冗談はやめろ」

ふだんはどもるドイツ語が、このときは流れるように口から出た。「一緒に働いている同僚に対して、その態度はいったいなんだ。同じ場所で働いているオレに対して、そして日本料理に対して、あまりにリスペクトがなさすぎる。もう二度と、朝食なんて言い方は許さない。二度とオレのTAMAGOYAKIにケチをつけるな！　今度同じことを言ったら、許さない。わかったか！」

にらんだ。相手はひるんだ。

「わかったかって聞いてるんだよ」たたみかけた。

「わかったよ。悪かった」

内心、ほっとしていた。面倒なつかみあいにならずにすんだからだ。最後にフォローも入れた。

「わかってくれればそれでいいんだ。もしおまえが日本料理や寿司に対してリスペクトをもって知りたいというなら、こっちは同僚として喜んで教える準備はある。そんな気が起きたら、いつでも言ってくれ」「ああ、わかった」

「忙しいところ、時間を取ってくれてありがとう」と礼を言うと、「うん」と相手はうなずいた。

その一件があった次の日。厚焼き卵ができあがり、すみっこを切り落とすと、シュテファンが近寄ってきた。「これ食べてもいいか?」と切り落としを口に入れるしぐさをした。

「いいよ」と答えると、それをつまんでひょっと口に入れ、「うまい、うまい。K、おまえのTAMAGOYAKIは最高だ」と言った。以来、シュテファンをはじめドイツ人コックたちの態度はがらりと変わり、Kに対して一目も二目も置くようになった。


Kは二〇世紀最後の年、六年半を暮らしたベルリンを去った。身一つでイタリアのミラノへ行き、修業を重ねた。現在、舌の肥えたイタリア人たちから支持される日本料理店のオーナーシェフとして、当地で活躍している。従業員は六名。料理アシスタントの日本人一名、スリランカ人一名、フィリピン人一名。フロア担当はイタリア人三名。イタリア人の妻もフロアのヘルプで働く。イタリアのメディアにもよく取り上げられ、二〇一七年にはオープン一〇周年を迎えた。その夜は店を閉めた後、従業員一同で乾杯した。流し込んだビールの味は最高だった。充実感と達成感とこれからもがんばるぞという意気込みが全身を回った。そして、二杯目のビールを飲み終わってグラスをテーブルに置くと、えもいわれぬ寂しさが少しだけきざした。日本が遠くなったな、という思いだった。

フロアの向こうから、来年小学生になる息子がイタリア語で呼んでいた。

「パパ、パパ、こっちにきて」

第五章　あるアラブ移民の肖像

ベルリンの冬は長い。太陽がない日々を数ヵ月暮らす。

これは心と体にこたえる。冬期うつ病《ヴィンターディプレッシオン》という病名があるように、一〇月後半から三月の終わりくらいまでは日が短く、いつも空には鉛のような雲がおおい、暗さと寒さのなかでひとびとの気分は落ち込みがちになる。誰もが眉間にしわをよせながら、人生を呪いたくなるのだ。健康な者でも多かれ少なかれそれっぽくはなるのだが、ひどくなると、気分が落ち込んだままずーっと深海魚のような気分で息をし、活力は失われ、動くのがおっくうになり、不安にさいなまれ、炭水化物や甘いものを過剰にとるようになり、体重が増える。いつも疲労感に襲われ、睡眠時間がやたらと長くなる。この要素がすべて当てはまり、この状態が二週間もつづけば、立派な「ふゆうつ」患者のできあがりだ。日本語では季節性情動障害、英語ではSeasonal Affective Disorder, 略してＳＡＤと呼ばれる。まあ、悲しくなってしまうのだ。

統計によると毎年推定約八〇万〜八五万人のドイツ人（約八〇〇〇万の人口の一〇%から二〇%）がふゆうつに苦しみ、重度となれば自殺者も出る。一般的に青年層の男女や、女性に多いとされる。一部の研究者は、この状態は生物としては当然の反応で、活動期ではない寒い冬に体重を増やし、あまり動かないというのは生存のためには理にかなっているが、近代社会以降、電気もガスも食料もあって季節を問わず社会活動をしなければいけなくなったことにより、体と心が衝突するようになり、その結果発生した人為的精神病だ、と主張する。わからなくはない。男女差では女性に多いというところにも、生き物としての原始的な感覚をみる思いがする。

ドイツ文学の神様ゲーテは、もっと光を《Mehr Licht》、と言い残して死んだとされるが、ゲーテでなくとも、ドイツの冬に身をひたすと誰もが光に飢えるのだ。この言葉、じつはまったく別の意味だったという説がある。ゲーテが求めたのは光ではなかった、というのだ。死の直前、ゲーテのまわりには身内の者はひかえておらず、使用人だけがいたという。ゲーテは寝たきりだったが、生きている以上、人間の生理は止まらない。老作家はもよおして、使用人に、室内用便器をもってきてほしいと頼んだ。

横になったまま便器に向かって構えた。思わずふるさとのフランクフルトなまりでボヤいた。「Mer liecht hier so unbequem（こんな風に横になるのは、まったく不快だよ）」。その後、ゲーテはみまかった。最初の二語〈Mer liecht（横たわる）〉が、標準語の、〈Mehr Licht（もっと光を）〉に聞こえたため、ゲーテの言葉は誤解されることになったというのだ。ゲーテが最期に求めたものは、光ではなく便器だったというオチだが、ゲーテの権威にケチをつけるためのウィットのようなものかもしれない。実際のところはわからない。まあ、この話は置いておこう。

とにかくドイツの冬は大げさではなく生死がかかっているのだ。

春になるまでクリスマス、大晦日、カーニバル、復活祭と、あの手この手で楽しくなるイベントを連発するのは、キリストの生誕だろうが復活だろうが、冬至だろうが地元の伝説だろうが、使えるものはなんでも使って、うつに沈みがちな気分をなんとか明るく保とうとする本能的な知恵だったのではないか。乱暴な見立てだが、証拠らしいものがないわけではない。

どのイベントも光を多用する。光を目でみて、脳みそに招き入れるのが、うつ撃退法の一つだからだ。クリスマスのイルミネーション、大晦日の花火、仮装して飲み食い騒ぐカーニバルの最後に燃やす藁人形の火、復活祭前日に燃やす大規模な聖なる火《イースターファイヤー》。輝き、燃えながら、ひとびとを心身ともにあたためる。電気がなかった時代、冬の寒さと暗さは今と比べて半端なかったはずだ。そしてわたしもご多分にもれず、ヘビー級の冬の重さを脳天に食らって、気分はどん底に落ちていた。

復活祭休みがはじまった日、久しぶりに太陽がでた。

「おお、太陽だ、オレはまだ生きている」。わたしは思わず、自然現象に畏怖する古代人のような言葉を、本気でつぶやいてしまうのだった。

復活祭とはいわずと知れたイエス・キリストの復活を祝う祝日で、キリスト教徒たちにとってはクリスマスと同様、とても大切な日だ。移動祝祭日で毎年固定した日づけはない。新約聖書の記述によると、キリストが十字架にかけられ、死に、復活したのは、ユダヤの「過ぎ越しの祭」の週のことだったという。復活したのは十字架にかけられてから三日目、週の最初の日（日曜日）とされ、十字架にかけられた金曜日、土曜日、復活した日曜日、信徒の前に姿を現した月曜日の四日間は祭日となり、ドイツ全土は休みになるのだ。過ぎ越しの祭はユダヤ歴（太陰太陽暦）に基づく。この歴は月の満ち欠けの繰り返しで成り立つ太陰暦に太陽の運行を加味してつくられているもので、年によって日づけがことなる。そのため、このユダヤ歴が復活祭の時期を決める。したがって、復活日は春分の日の後の最初の満月の次の日曜日とされ、三月二二日から四月二五日のどこかの日曜日となる。この年（二〇〇〇年）の復活日は四月二三日に設定され、復活祭休みは四月二一日金曜日からスタートした。久しぶりに近所の市民プールに泳ぎに行った。

プールはクロイツベルク地区のゲーリッツァー駅近くにある。

クロイツベルクはオルタナティブな場所として名を売っているが、もともとドイツの貧困層と外国人移民とヒッピーの集まる場所だ。俗に良いクロイツベルクと悪いクロイツベルクに分かれていて、前者の郵便番号はSW61で南西に位置し、後者の郵便番号はSO36で南東に位置する。クロイツベルクは東西分断時代、西ベルリン側の町だったが、SO36は西ベルリンの中心部からは遠く離れ、ベルリンの壁に面した一角となっていて、老朽化した家が建ち並び、家賃が安かった。そのため六〇年代後半から西ドイツに入ってきた移民労働者、とくにその筆頭格であったトルコ人たちが多く住みついた。その結果、この町を出ていったドイツ人市民も多く、二〇〇〇年現在、クロイツベルクの人口約一五万人のうち三分の一にあたる五万人は移民で、その大半はトルコ系だ。ほかアラブ系、ルーマニア、ポーランド、ブルガリアなどの東欧系、ベトナム、中国、韓国などのアジア系の移民たちがいる。

六八年の学生運動の際も、この町でデモがくり広げられた。それ以降、五月一日のメーデーでのゲバルトデモは毎年の恒例行事となり、機動隊の放水車に石やビール瓶を投げるパンクや左翼の過激集団アンティファの暴れる政治フェストになっている。束縛をきらうアーティストやヒッピーたちもこの町に多く集まってきた。映画監督ヴィム・ヴェンダースもその一人だ。ヴェンダースのヒット映画『ベルリン・天使の詩』（一九八七年）はクロイツベルクが舞台になっている。そんな場所がカフェやライブハウスも多い。移民たちの生活臭ただよう場所に、パンクも同性愛者もカルチャーも政治もごっちゃになって暮らしている。外国人には暮らしやすい場所だった。

泳ぎつかれて外に出た。太陽がまぶしい。プール前の広場に座り、思い切り太陽を浴びることにした。こころと体に巣食った冬のうつを、光をあびて追い出すわけだ。広場には、目を細めて太陽をながめ、光のめぐみに身をゆだねるひとがほかにも数人いた。

太陽に体を開き、くる者拒まずの姿勢になっていたせいか、見知らぬ男がこちらに近づいてきた。中近東系だ。推定年齢三〇代前半。

手には近くのレバノン人がやっているシャワルマ屋で買ったシャワルマをもっていた。シャワルマはレバノン、シリア、ヨルダン、パレスチナ、イスラエルあたりで食されている肉料理だ。シナモン、クミン、コリアンダー、ターメリック、ニンニクなどにマリネした肉を幾重にも串にさし、サンドバッグのように膨らんだ肉をくるくる回しながらグリルし、食べるときにはそれをこそぎ落として、内側にゴマペーストを塗ったパンにはさんで食べる。野菜のピクルスやサラダも一緒にはさみこむことが多い。

男はシャワルマをほおばりながら、革のジャンパーを脱ぎ、それを地面にしくと、おもむろにわたしの横に腰をおろした。そりあげた濃い髭あと、柑橘系のきつめの香水、天然パーマを短く刈りそろえたリーゼント風黒髪、ギョロつく目であたりを睥睨するしぐさ、まだ腹回りに余計な脂肪がついていない若々しい体躯、口元は笑っているが目が笑い慣れていない怒った眉間、年輪から余裕と笑みをなんとなく漂わせる表情。出身はアラブのどこかだろう。移民に間違いはないが、着ているものと所作から、ヨーロッパに長いことはわかった。

そして前を向きひとり語りをはじめた。中近東出身者のドイツ語の典型で、単語ひとつひとつに、不必要に力をこめる。流暢という形容が、よどみない豊かな川の流れをイメージさせるとすれば、男のドイツ語は、急斜面のごつごつした岩肌にぶつかりながら流れていく、おしつけがましい川の水ようだった。「いい天気だな、あんたタバコ吸うかい。そうかい、一本とりな。オレ、フランスからきたんだけどさ、マルセイユさ」

「フランス生まれ?」

「ああ、そうだ。でもアラブ人だ。知ってるかい。このぐらいの気温になって、太陽がでるとフランスじゃあ、みんな部屋のなかに置いてある植物だの花だのをいっせいに外に出すんだ。それに水をかける」と言って、男は如雨露で水をかける仕草をした。わたしはだまってうなずいた。

「そうするとな、どこからかチョウチョが飛んできて花に止まりだすんだよ。チョウチョだよ、チョウチョ」それがさもうれしいことのように男は笑みを浮かべる。

「あんたどこからきたの? 中国? ベトナム?」

「日本」

「そうか、日本か。日本だって三月四月はまだ寒いだろ? チョウチョが花に飛んでくることなんてないだろう? ベルリンでも同じさ。あんたみたことあるか?」

「ないかな」

「そうだろう。ないだろ。でも、オレが生まれた町じゃあ、飛び回るんだよ、これが。想像してみろよ、いいもんさ」

わたしが悪意のない目で男の目をみているにもかかわらず、男はほとんど視線をあわせず、絶えず道行くひとの動向をうかがっている。平和そのものの時の流れのなかにいて、蝶の話にうつつを抜かしているのに、外に対して警戒心をといていないようにみえた。

シャワルマを食べる手は止まり、宙に浮いたまま肉はさめていく。

「春《フリューリング》がきたんだね」とわたしは言った。

「え？　いま、あんた、なんて言った？」

「フリューリング」

「まだドイツ語はなじんでないんだよ。それどういう意味？」

「英語でスプリング。四つの季節の最初の季節」

男の眉間のしわが一瞬ひらいた。「そう、それだ。そいつがようやくきたんだな。そうか、ドイツ語でフリューリングっていうのか。フリューリングがこないと、生きてる感じがしないよな」

わたしたちの背後から、やんちゃそうな一一歳ぐらいのアラブ少年が近づいてきた。わたしはすぐに気がついたが、男はそれに気がつかない。仲間にしては年齢が違いすぎる。息子だろうか？

「ハロー」と口を開きかけたわたしに少年は、しっ、と人差し指を口元に当て、黙れと合図をよこす。男は視線を前に向け話をつづけているが、いきなり少年が男の尻の下のジャンパーを引き抜こうと引っ張ると、男は少年を羽交い絞めにしてアラブ語でじゃれあい、少年がくすぐったくてたまらないというように、笑いを弾けさせた。男はドイツ語で、わたしに言った。

「コイツ、オレの弟なんだ。いまサッカーに夢中でね。おまえ、今日はどうだった？」と弟に言葉を投げた。

「みてよ、この靴」

少年は編み上げのドカ靴をはいている。「今日スパイクを忘れて、これで練習したんだ。そうしたら怪我しちゃって、痛くてしょうがないんだ」

少年は兄より数段うまいドイツ語をしゃべる。というよりほぼドイツ生まれのネイティブドイツ語だ。どうやら兄はアラブ系フランス移民でありながら、ベルリンへやってきて、弟はほぼドイツで育っているようだ。このアラブ兄弟の母親は、一回り以上歳の離れた兄弟を生んだことになる。トルコやアラブの移民ファミリーは子どもが多く、昔の日本のように五人、六人兄弟姉妹はざらだ。

わたしはたずねた。「どこでプレーしているの？　学校のクラブ？」

「地元のチームに入っているんだ。ＦＣクロイツベルクさ」少年は目を輝かせた。

「弟はプロのサッカー選手になるのが夢なんだ。コイツ、バカだけどサッカーはうまいんだ」

「タバコくれよ」少年が生意気なことを言った。

「ああ、いいよ。あんたも吸うかい」男はまたわたしにたずねた。

「ありがたいな」

男は一本をわたしに渡し、躊躇なくもう一本を少年に渡した。そして自分も一本くわえた。

わたしは風で消えないように左手で輪を作りその真ん中にライターをいれて、男と少年のタバコに火をつけた。それが当然だ、というように少年は顔を近づけて、兄のしぐさをまね、眉間にシワを寄せながらタバコを吸った。

「どれ、足をみせてみろ」

男はくわえタバコで言い、少年の靴と靴下を引っ張ってぬがせ、ズボンのすそをめくりあげた。まだスネ毛も生えそろっていない少年の茶褐色のふくらはぎがあらわになった。男は少年の足をなでまわした。足首が赤みをおびて少し腫れている。兄が腫れたところを指で軽くさわると、少年が悲鳴を上げた。

「ここか。これはたしかにいたそうだな」

「この靴が全部悪いんだ」少年は助けを求めるようにわたしに言った。

少年の足を下におろしながら、男が言った。「そういえばあんたの国で、次のワールドカップ（二〇〇二年日韓共同開催予定）があるんだってな。よく南米代表クラブチームとヨーロッパ代表クラブチームが東京で決勝やってたな。弟がいずれあんたの国に行くことになったら、おもしろいな」と男は笑い、言った。「ジダンって知ってる？」

「知ってるも何も」わたしはあきれた声で言った。フランスのサッカー界どころか、世界のサッカー界の英雄ジダンを知らない者がいるだろうか。ジダンはアルジェリア出身の移民でマルセイユのゲットーに生まれ育ち、世界のスーパープレイヤーにまでのぼりつめた。この文章は二〇〇〇年のことだが、二〇一九年現在、彼の業績は文字にするとこうだ。ワールドカップ、チャンピオンズリーグ、欧州選手権、トヨタカップなど主要タイトルをすべて制覇し、二〇〇四年のＵＥＦＡゴールデンジュビリーポール（ファン投票で実施した過去五〇年間、一九五四年～二〇〇四年におけるヨーロッパの最優秀選手を決める賞）でオランダのヨハン・クライフ、ドイツのフランツ・ベッケンバウアーを抑えて一位に選ばれている。もう引退して指導者になっているが、現役時代は冷静沈着にゲームをつくり上げる司令塔として大地のような存在感をもち、長くてしなやかな手足がろくろ首の首のように縦横無尽に伸びて、人間プレイヤーたちをほんろうし、破壊的なスピードで圧倒した。哲学者の顔をした怪物だ。

「弟はジダンになりたいんだってさ」

よくある子どもの夢だ。

「それはいいね。ジダン、アンリ、ロナウド、ロナウジーニョ、デル・ピエロ、フィーゴ、ベッカム……」わたしは世紀末、世界で活躍しているスター選手を思いつくままあげた。サッカー少年だったわたしも、マラドーナにあこがれた。

「いや」と兄はさえぎった。「目標はヤジッドじゃなきゃだめなんだよ」

「ヤジッド？」

「彼の名前は、ジネディーヌ・ヤジッド・ジダン。地元じゃ彼のことをヤジッドと呼んでいる」

「地元？」

「オレたちは、ヤジッドと同じ、マルセイユのラ・カステランのゲットーからきたんだ。オレたちのファミリーもアルジェリア系の移民さ」

「きみはもしかしてジダンをみたことがあるの？」

「あるさ。彼は近所の広場でいつもボールをけっていた」

わたしは深くうなずいた。

地元では短く〝ヤジッド〟なのだ。サッカー選手としてマスコミで名を売るようになって以降、ジダンは〝ジズー〟（フランス語で〝白い猫〟。カンヌでプレーしていた時代、トレーナーが一四歳の俊敏なジダンの動きからつけたあだ名）の愛称で呼ばれるようになる。だがそれは良くも悪くも、名実ともにフランス化したということであり、地元の移民系の人間たちにとっては「オレたちのヤジッド」でありつづけているのだろう。

北アフリカに位置するチュニジア、アルジェリア、モロッコはアラブ語圏でかつイスラム圏でありながら、ずっとフランスの植民地だった。そのためこれらの国から多くのひとびとがフランスへ移住している。なかでも多いのはアルジェリア系だ。地理的にみれば、アルジェリアの対岸は海を挟んでマルセイユ。アクセスしやすい。さらにジダンの祖先はもともと北アフリカを移動していく遊牧民ベルベル人だ。ベルベル人は元来ベルベル語を話していたが、アラビア語化、イスラム化していき、近代に入ってフランス人によってフランス語、フランス文化がおおいかぶさってきたという背景がある。ジダンはその末裔で、少しだけベルベル語が話せるという。一言でフランス人といっても、さまざまなバックグラウンドがあり、単純ではない。わたしが対面している兄弟は、そうした背景をもちながら（彼らがベルベル人かどうかは確かめなかったが）ドイツへやってきたということだ。彼らがこれからドイツ語を話し、ドイツ文化を身にまとっていく。ドイツにくる移民の多くは滞在資格を得てもドイツ国籍を取る者は少ないが、ジダンがフランス人となりフランスの顔になっていったように、このサッカー少年がドイツ国籍を取り、ドイツの顔になっていくことは原理的にありうる。ドイツ人も複雑化していく。そしてそれに対して反発する右寄りの人間も出てくる。

しかし、なぜ彼らはマルセイユを出てドイツにきたのだろう。わたしは率直に聞いた。

男が顔を引き締めて、来歴を話してくれた。地元のラ・カステランの町はマルセイユの中心部から外れの北部の郊外に位置し、マグレブ（北西アフリカ）やサハラ以南からきた貧しい移民たちが集まる、低所得世帯用公営住宅が広がっているという。第二次世界大戦後、フランス政府は労働力を必要とし、旧植民地から移民労働者を数多く受け入れていく。彼ら彼女らを収容する集合住宅の必要が生じ、パリ郊外をはじめ、大都市や工場地帯の周辺に公営の団地群ができあがっていく。一時的な仮住まいを目的としてつくられていたためつくりはいい加減で、インフラ整備も整っていなかった。だが、住宅には子どもも生まれ、家族がどんどん増えていった。

復興景気が終わる八〇年代になると、移民労働者の二世三世の失業者が大量に増え、彼らは非行化し、犯罪率も上昇していった。フランス全土に広がる郊外の低所得用集合住宅街はゲットーと化し、差別、貧困、格差、分断、テロ、宗教問題などの温床となっていった。

そうした流れのなかで、ヤジッドがボールを追いかけていた広場でも、ドラッグディーラーたちの抗争がおこなわれるようになり、昼間から銃弾の音が聞こえるほどになった。この男が所帯をもって新しい家族をつくっていく基盤としてはつらくなってきた。九〇年代に入ると、フランスではル・ペンが率いる極右政党「国民戦線」が移民排除をスローガンにして人気を広げていく。憎しみだけが増殖していくフランス社会に嫌気がさしてきた。叔父がベルリンとハンブルクで食品関係の商売で成功しており、所帯をもつと同時に、そこで働きはじめることにした。それでベルリンに妻と一緒に三年前にきた。弟は、生まれてすぐに叔父のもとに預けられ、ベルリンで育っている。

わたしは黙ってただ聞いていた。アルジェリアといわれても、ぱっと頭に浮かぶのはアルベール・カミュの『異邦人』くらいなもので、しかも、主人公ムルソーが射殺したのはアラブ人だ。ムルソーはこういうひとびとをちょっとしたいざこざの後、殺したのだ。「太陽がまぶしかったから」という理由で。

わたしもベルリンの太陽がまぶしかった。

男がつづけた。「移民が成功をするには二つの壁がある。まずは移民した国の人間たちを跳び越すことだ。そうじゃないとなめられ、見下され、つぶされる。ヤジッドはまずフランス人に勝ったんだ。しかも圧倒的な差をつけて勝った。こうなれば文句のつけようがないだろ。これが中途半端だったり、ミスをしたりすると、すぐに突っ込まれる。あいつはアルジェリア系だとか、移民だとか、いろいろ足を引っぱられるんだ。だから圧倒的な差をつける必要がある」

わたしは黙ってうなずき、聞いた。「じゃあ、二つ目の壁は？」

「あらゆるひとびとが経験する人生上の苦労のことさ。日本人だろうが、ドイツ人だろうが、アルジェリア系移民だろうが、サッカー選手だろうが、銀行員だろうが、タクシー運転手だろうが関係ない。食って、寝て、家族を養って生活する以上、だれもがこえなきゃいけない壁さ。移民じゃなければ最初から二つ目の壁と取り組めばいい。だけどオレたちにはまず一つ目の壁があるってことだ」

太陽が一瞬雲にかげり、風が冷たく感じられた。

そしてまた太陽が顔を出した。むこうから家族がゆったり歩いてくる。若い母親と、一〇歳くらいの少女、そして少女が手を引く三歳くらいの男の子だ。皆、アラブの顔だ。男の家族だろうか。

男はこれまで一度もわたしにみせなかったほど、とけるような笑顔をつくった。目ばかりが凛とした男の子をだきしめると、顔をなめつくすように挨拶のキスをし、かわいくてたまらないというように全身をなでている。「オレの妻と子ども二人さ。かわいいだろう。さあ、行かなきゃな。これからカミさんの父親に挨拶に行くところだったんだ。さあ、おまえも靴履きな」とサッカー少年に告げ、「またな。いい日を」とわたしにおもむろに言った。

「きみたちにも、いい日を。それに小さなジダン、サッカーを楽しんで」とわたしが返すと、少年は臆することなく、「ダンケ」。語気短く答えた。

男は食べあきたシャワルマを紙で丸め、路上に放り投げると、家族を両手いっぱいに抱きかかえるように遠ざかっていった。

少年がサッカーボールを追いかけて走る明日を思った。

わたしはたっぷり太陽を浴びた気になった。

第六章　ハイジャックテロリスト モハメド・アタとその時代

二〇〇一年、九・一一アメリカ同時多発テロが起きた次の日の朝のことだ。

ニューヨークのワールド・トレードセンターの焼け焦げた鉄材のにおいが、ベルリンの地下鉄にまでただよっているようだった。地下鉄U8線のアレキサンダー広場で降りた。吐き出された乗客たちが、地上を目指して階段に向かっていた。U8線は移民街を通り抜ける。わたしの前には、頭にスカーフをかぶったトルコ系移民の若い女性が早足で歩いていた。

突然、わたしの横を伴走するように歩いていたドイツ人が、その女性の背中に向かって叫んだ。

「テロリスト！　人殺し！」

女性の背中がびくっとふるえた。顔をこちらには向けなかった。黒いスカーフには、あでやかな赤い花が大きく刺繍されていた。長めのタイトスカートの下はショートのブーツで、背中は若い女のそれだった。歩調が乱れた。動揺が隠しきれない。

「とっとと出ていけばいいんだ。テロリストはドイツから出ていけばいいんだ」

男は言った。そして女性の横にきてまた同じ言葉を繰り返し、行く手に立ちはだかろうとしたとき、「黙りなさい」とドイツ人の中年女性がスカーフの女性と男の間に身を入れてたしなめた。「この女性とテロとはまったく関係ないでしょう」

外国人の男として、本来ならわたしがやるべき役割ではないか、という思いがわいたが、見守ることしかできなかった。勇気がなかった。

「移民が増えるから、こういうことになるんだ」

男はこれみよがしにわめき散らした。たしなめた女性に反論するというより、まわりにいる人間たちに聞かせようとする声だった。事件の次の日の時点で、ハイジャック・テロリスト犯はドイツにある大学の外国人留学生だということが取りざたされていた。事件発生からまだ二四時間しか過ぎていない。犯人グループの一部がドイツのどこかに潜んでいるのではないか、という疑心暗鬼が広がっていた。

男はあたりを見渡した。視線がわたしを捉えた。憎悪に満ちた顔で、わたしをにらんだ。わたしは無名の移民Aにカウントされたのを感じた。わたしのまわりには少なくとも三人、トルコかアラブの男女がまじっており、アジア系のわたしを入れた四人が、男の名指しする対象になっていた。

地下鉄の構内にみえない憎しみのガスが充満しているようだった。その瞬間からわたしのなかに、ヘイトされる側の気持ちが本格的に巣食った。

連日、テロを起こした人物たちの情報がメディアを占領した。実行犯グループは世界各地でテロを先導するオサマ・ビン・ラーディンのアルカイダにつながり、ドイツ北部の港町ハンブルクを拠点にしていたことから「ハンブルク細胞」と名づけられた。リーダー格でほぼ完ぺきなドイツ語を話したとされるハンブルク・ハールブルク工科大学の元学生だったモハメド・アタの実情が明らかになっていくにつれ、わたしの心の奥底に、苦い毒の根のようなものが植えこまれ、日に日に大きく膨れ上がっていくのをとめることができなかった。

それを一言で表せば、あれはもう一人の自分ではなかったか、という思いだった。別に縁があるわけでもなければ、思いを語りあった仲でもない。わたしはエジプト生まれでもなければ、イスラム信仰のために身を捨てようなどと考えたことがあるわけではない。言葉をいくら並べても断罪しきれない犯罪者に自分を重ね合わせることは、愚かなことであるのは百も承知だ。ただ、不幸にして憎しみ《ヘイト》の果てまで歩ききってしまった一人の同世代の短い一生に、自分も間違いなくリンクしており、その憎しみの根が地下茎でつながっていると直感的に感じたのだった。

共通するものはただひとつ。世紀末をおなじドイツの曇り空に閉じ込められて、デッドエンドにぶつかり、人生の生きづらさに窒息しそうになりながら、ぶるぶるふるえていたことだ。毎日、悪い夢にうなされ、将来に悪い夢しか描き出せなかった。アタの悪夢の原料はいったい何だったのか。

一九九〇年、アタはカイロ大学を卒業するが、思うような就職ができずもがいていた。地元の企業で仕事をみつけたが、コネもなく自分が生きる場所がみつからない。エジプトでは当時、国全体で貧困率が上昇し、格差が広がっていた。各地でストライキやデモが頻発。大学は出たものの就職できない学生たちが三割に上った。就職氷河期に足を取られ、未来像を描けない若者たちの焦燥感が強まっていた。

エジプトの政治も混乱していた。サダト大統領がはじめた西洋世界への開放路線と経済自由化によって格差がひろがり治安は悪化、それに対する反動としてムスリム同胞団による原理主義運動が信奉者を増やし、学生たちの間にも入り込んでいた。カイロ大学にいたアタが、大学でも席巻していたムスリム同胞団の活動に関与した痕跡はないが心のなかはどうだったのか。

九一年に湾岸戦争が勃発。親米エジプトは多国籍軍の一角を担い、戦地に二万人の兵士を派兵。国内は戦争に染まった。翌年一〇月にはカイロ地震が発生。マグニチュード五・八の地震により、死者は五五八名を数えた。就職難、格差社会、戦争、震災とつづき、心の行き場所を失った者たちがイスラム信仰に回帰、にわかにヒジャブをかぶりだす若い女性が増えたという。イスラムから派生したカルトに走る者もいた。カイロから九五〇〇キロ離れた日本でも、同時期、オウム真理教と呼ばれるカルト集団が世間を騒がせていた。エジプトの青年や日本の青年たちの一部には、将来につづく道があらかじめ失われ、人生に絶望している者たちが少なからずいたのだ。

九二年、アタは行き場のないエジプトを出て、父親からの資金援助を得てドイツに留学した。もともと家庭ではあまりイスラム信仰とは縁のなかったアタだったが、エジプトを出るころにはイスラムに関しては一切の妥協を許さない精神態度に変貌していたとされる。つかまった手すりが身近な宗教だったということか。

留学先はドイツ北部の港町ハンブルクだった。ハンブルクはドイツ北部に位置し、人口一八四万人（二〇一九年現在）を擁する、ベルリンに次いでドイツで二番目に大きい町だ。チェコ、ドイツ東部を通り北海にそそぐ一〇〇〇キロの大河川エルベとエルベの支流アルスター川の河口に広がる。北ヨーロッパの経済をけん引するハンザ同盟の有力都市として栄えてきた。ドイツ南部のミュンヘンに行くよりアメリカの方が近い、といわれるほどハンブルク出発の大西洋航路はニューヨークへの近道だった。現在も海運業と豪華客船で名を売るHapag-Lloyd《ハパックロイド》の前身ハンブルク・アメリカ・ラインは、一八四七年にハンブルクに設立されて以来無数の欧州移民と貨物を運んだ。船で旅をする時代は終わったが、モハメド・アタがコンテナの積み上げられたハンブルクの港に立ち、海の向こうのニューヨークを思ったかどうか。

ハンブルクは北のヴェネツィアと呼ばれる。運河が町の四方に張り巡らされ、いくつもの橋で結ばれている。カモメが飛び交う空の下にはレンガ造りの倉庫街と現代的な商業ビル、ネオ・ルネサンス様式の壮麗な市庁舎がつづいていく。その町にいろどりをあたえていたものがある。スプレーの落書きだ。アタと同じ時期、アジアの長旅を終えた一人のドイツの男がハンブルクに住みつき、町でスプレーの落書きをしはじめた。彼はなぜかスマイリーフェイス（日本ではニコちゃんマークと呼ばれている）ばかりをスプレーで落書きし、ＯＺとサインを入れた。黒く塗りつぶされた点が二つ、それに下に曲がった線が一本。これが町中に氾濫した。看板、電車の中と外、交通標識、住居、店、駅と場所を問わずスプレーした。肉厚なレタリングや波線、抽象画も増えていった。その数、一二万点以上にのぼるという。

つまり、ＯＺのスマイリーフェイスはモハメド・アタが移動するたびについて回った。もしアタが目にしたとすれば、ＯＺのスプレーはどう映ったか。退廃の臭いをそこに嗅ぎとったのか。泣いているようにみえるスマイリーフェイスに、どこか親近感を抱いたのか。

アタが入学したハンブルク・ハールブルク工科大学（ＴＵＨＨ）は一九七八年創立の比較的新しい工科系の国立大学だ。約一〇〇の国と地域から集まる七五〇〇名の学生がバチェラープログラムとマスタープログラムで学び、約一〇〇名の教授陣が指導に当たる。学生の一〇％がアラブ諸国からの留学生だ。二〇一八年より大学の所在地名である「ハールブルク」がはずされ、ハンブルク工科大学と名称を変えた。南北に広がるキャンパスはコンパクトにできており、中心に学食《メンザ》と図書館と大講堂がある。端から端まで歩いても一二分の徒歩圏内だ。メンザは二〇一九年現在でも三ユーロ（約三五〇円）ほどの安価な食事を提供しており、アタが入学した九二年から営業を開始している。月曜日から金曜日まで朝の八時から午後三時（金のみ午後二時半）まで開いている。ベジタリアン用もあり、豚肉禁止のイスラム学生にも問題ない。アタもおおいに利用したことだろう。授業料はドイツの公立大学の慣習に従い無料だった。アタの死後、二〇〇六年に授業料徴収制度が市議会の決定によりいったん導入されるが、また廃止され現在も授業料は無料。自治会費、公共交通機関用チケット代、学生管理手数料などを含めてゼメスターごとに三一六・三〇ユーロ（三万八一〇〇円ほど）を大学の所定の口座に払いこむ。このシステムはアタのいたころと基本的に変わらない。

九八年から、テロ実行犯となるほかの二名と共同生活をする住居があったのは、ハンブルク南西部に位置するハールブルク地区だ（ハンブルクは七つの行政地区に分かれている）。大学もこの地区にある。タイヤなどのゴム製品を主なプロダクトとするフェニックス社の製造工場とオフィス、それに河川に面した内陸港がここで目立つ存在で、周辺には飾り気のない住宅地が並ぶ。伝統的に工場労働者と港湾労働者が多く住み、家賃も安い。外国人労働者や大学に通う留学生も多く、二〇一八年の統計ではこの地区の人口の約二三％が外国人で占められている。ハンブルク全体でみてみると、アタがハンブルクにいた九二～九九年までの外国人の割合は一四～一五％で、上位を占めるのはトルコ、旧ユーゴスラビア、ポーランド、アフガニスタン、ポルトガル、イラン、ギリシャ、ロシアなどの移民労働者だ。外国人の姿は日常風景にとけ込んでおり、とくにエジプト人だからといってアタが目立つ存在だったということはない。

アタの住んだマリーエン通り五四番地もありふれた住宅街にある。目につくものといえばインビス（立ち食いスタンド）、一マルクショップ（現在は九九セントショップ）、ディスカウントショップ、靴直し屋くらいのもので、あとは魅力もないかわりに、みすぼらしくもない清潔な現代アパートが建ち並ぶ。この無味乾燥さの出どころは、第二次世界大戦中の米軍空爆による町の破壊だ。ハンブルクは戦時中も港湾事業とゴム製造と製鉄工場が戦争経済を支えていたため、とくに狙われた。そして灰になった。一部をのぞき古き良きハンブルクの面影は消え、清潔さと合理性と経済効率が最優先の、角ばった町が生まれた。それはまるでアメリカ製の爆弾に仕込まれていた種がハールブルクの土から生えでたようで、アタは本能的に臭気を感じたのではないか。彼は香辛料と肉の焼ける煙とひとびとでぬくむカイロ旧市街の雑踏や、シリア内戦がはじまる前の、古いアレッポのイスラム的な旧市街に安堵するからだ。

アタはどんな人間だったのか。朝日新聞のアタ取材班の記録『テロリストの軌跡』（草思社、二〇〇二年）やドイツメディアのこまごました取材情報をたよりに、追ってみよう。

大学でアタは都市計画を学び、指導教授からは学習態度も才能も称賛される優等生だった。思慮深く、冷静沈着、誠実にひとに接した。ドイツ人の学生仲間や関係者は、みな口をそろえて「いいひとだ」と言う。物おじするタイプだが、ことイスラム信仰とそれに基づく信念に反することに対しては遠慮なく主張し、ときに激しく反論した。的確なアドバイスをする良きチューターとして、他の学生たちからも信頼されていた。目立つところといえば厳格にイスラムの戒律を守ることだった。豚肉は絶対に口にしない。ケーキやクッキーを食べるときもパッケージの成分表を確認した。酒も一切飲まない。飲み会には顔を出さないが、悪い話はまったく伝わってこない。

恋人はいなかったのか。アタは女性には奥手だった。日常の生活のなかでも、ドイツ人女性もふくめ、女性には挨拶の握手もハグもせず、体の接触はいっさい避けた。これはイスラム圏で広くみられるマナーだが、ドイツはイスラム圏ではないため、イスラム教徒の男性であってもドイツ人女性とドイツ流の握手やハグがあっても不思議ではない。だが会釈するだけが彼の流儀だった。卒業論文のドイツ語のチェックのために、アタは指導教官の助手のドイツ人女性と、小さな部屋でひざをつけあわせることになった。週に少なくとも一回以上はその作業がつづけられた。最後の章になったところで、アタは突然断ってきた。

女性本人がこう回想する。「彼はわたしとの身体的な近さが耐えられなくなったのよ」

こんな証言もある。

「彼は童貞のまま死んだのかもしれない」と報告するのは、建築を研究していた学生仲間でドイツ人建築家のフォルカー・ハウトだ。ハウトは英紙『ガーディアン』ほか、英米メディアにこんな話をくりかえし紹介している。

九四年と九五年、ハウトはアタとシリアのアレッポの町に調査旅行に出かけた。アタにはまだ女性経験がなかった。現地で才能あふれる、とても魅力的な若いパレスチナ人女性と出会った。都市計画を進める建築事務所に勤める女性だった。名をアマルという。ともに行動し、研究調査をするなかで、アタはアマルにひかれていった。アマルは何に対しても積極的で自信に満ちあふれていた。その反面、イスラムのマナーもしっかり守り、混んだバスで移動する際は、男性であるアタやハウトと体が接触しないよう、タクシーを呼んでひとりで移動した。それでもやはり洗練され、あかぬけた女性であることは違いなかった。アマルもアタのことが好きになっていた。ふたりの距離は一気に縮まった。

あるとき、アマルがアタにこう言って笑った。

「エジプト人男性って、みんなファラオよね」

古代エジプト王朝の王をファラオという。現代では民を虐げる圧制者をそう呼ぶこともあるが、男らしい男というほめ言葉でも使われる。アマルは、ファラオのように何事にもまじめに、厳しくみすえるエジプト人アタのことを親しみを込めてからかったわけだ。それ以来アマルはアタをファラオと呼ぶようになった。アタはとくにいやがりはしなかった。だが、アマルの好意があからさまになっていくにもかかわらず、いまいち態度が煮え切らない。ファラオ、とアタを呼ぶたびにだんだんアマルの無言のメッセージがねっとりしみこみはじめる。無粋で申し訳ないが、その真意を日本語にするとこんな感じだろう。あなたはファラオでしょ、男でしょ、わたしをどうするつもりなの、はっきりして、ファラオさん！

慎み深くあらねばならないイスラム教徒の女性が、自分から告白するわけにはいかない。アマルとわかれてホテルに戻ると、アタはアマルの「背中」について、ハウトにあれこれ語ったという。その内容は伝わっていないが、めずらしく熱くなって彼女の魅力をあげていったのだろう。しかし後半は泣き言になっていった。彼女の方向性が自分には合わない、ちょっと解放されすぎている、モダンすぎる……。そして、こう結論した。残念だけど、やっぱりあきらめるよと。ぼくには手ごわすぎると白旗をふった形だ。歴史に「もし」はないけれど、それでも、もしアタがアマルとの関係を前に進めていたら、世界は変わっていただろうか。

極端なまでの潔癖さは、金銭問題でも同じだった。バイト先の建築事務所でのタスクが終了し、解雇されることになった。仕事は完璧にこなしていた。トップからも、ドイツ人の同僚たちからも一目置かれた。アタの問題ではなく、純粋に事務所側の事情による。金が振り込まれるとアタはオフィスにすっ飛んでいった。

「こんなに稼いでいません。全部をいただくわけにはいきません」

本人は貧しい学生生活をなんとかやりくりして暮らしているのに、一事が万事、こんな調子だった。エジプトでもドイツでも、いつも貧しいひとびとに目がいく。富はかたより、貧しい者たちはどんどん貧しくなる。どうすれば助けられるのか。家にはテレビもない。酒は飲まない。音楽も聴かない。それらすべてはひとを堕落させると信じているからだ。

異国での孤独感は言葉の不自由さが引き金になることがあるが、アタは違う。ドイツ語はほぼ完ぺきに使いこなし、知的で、社交的で、コミュニケーション能力が高い。ドイツ人であれ、イスラム系の学生であれ、相手が男性である限り友人を作るのに何の支障もなかった。ハウトのようないい友人もいた。語りはじめると、みなその分析力に舌を巻いた。政治をめぐる議論も、イスラムや宗教を巡る議論もいたって理性的で、そこに狂信的な要素はみじんもなかったという。それだけに、共有できないものを心に秘めはじめたとすると、孤独はより本質的になっていっただろう。

九五年、アタはひとしれずメッカ巡礼の旅に出た。メッカ巡礼はイスラム教徒の義務とされる信仰告白、礼拝、喜捨、断食と並ぶ五行の一つだが、体力や経済的な問題もあり、できる者がやればいいとされている。

その年の秋、三ヵ月間、カイロで都市計画の研修を受けた。国際交流プログラム カール・デュイスベルク・ゲゼルシャフトの募集に選ばれ、留学費用二六〇〇マルク（約一六万円）が出た。既出のハウトともう一人ドイツ人の共同研究者の三人のグループだった。テーマはカイロ旧市街の都市交通計画。工場や商業地区、歴史的建造物地区をくまなく歩き調査を重ねた。

旧市街を観光地化する計画のなかで、エジプトの観光行政は地元のひとびとに民族衣装を着せて歩かせるなどのアイデアを出しており、アタは歩きながら、まったく、ばかばかしい話だよ、と切り捨てた。道端には捨てられたバブルガムとペットボトルのキャップが散らばっていた。欧米の観光客がもち込んだものなんだ、とアタは顔をしかめた。

アタとは直接関係ないが、この二年後一九九七年九月一八日、イスラム原理主義者グループがカイロで観光客を襲う事件を起こした。観光産業を衰退させ、エジプトの国家財政を傾かせ、イスラム国家をつくると考える「イスラム集団」が、カイロのエジプト考古学博物館の前にとまっていた観光客のバスを襲い一〇名のドイツ人客を射殺。その二ヵ月後の一一月一七日、午前九時ごろ、今度はカイロから南へ六〇〇キロ離れたルクソールで同グループが、日本人一〇名、スイス人三六名、ドイツ人四名を含めた合計六二名を射殺する事件が起きた。亡くなった日本人のほとんどがツアーで参加した新婚カップルだった。この惨劇はイスラム原理主義グループによる大規模なテロに日本人が初めて遭遇した瞬間だったが、日本では前日一一月一六日の深夜、ワールドカップ本大会出場をかけてマレーシアのジョホールバルでイランと対戦し日本代表が勝って本戦初出場を決めたことにより、メディアは「ジョホールバルの歓喜」にジャックされ、「ルクソールの惨劇」は祭り気分に水を差すものとして隅においやられた。わたしはベルリンでこのニュースにふれた。ドイツメディアの混乱ぶりをみながら、日本人である自分も外国に暮らしている以上、これからはテロに巻き込まれることもありうるんだな、と考えはじめたのだった。犯人グループは分裂を繰り返しながら過激化し、その一部はビン・ラーディンのグローバルテロ活動に合流していくことになる。そうした時代の流れのなかに、アタもいたのだった。

カイロにいても、アレッポにいても、目の前にした「わが町」をみて、アタのなかに激しく湧き上がる感慨はただひとつだった。

何もかも違う。自分も、ひとびとも、町も、社会も、世界も、地球も、これではダメだ。カイロから戻ったアタは笑わなくなった、といわれる。九五年のメッカ巡礼とカイロへの研修旅行がターニングポイントになった可能性がある。

アタのなかで何が変わったのか。その翌年の一九九六年、二七歳のアタは遺書を書いた。「全能の神のみ名において。遺書。私、モハメド、モハメド・エルアミール・アワド・エルサイドの息子は、私の死後、次のことが執りおこなわれることを望む……」との文言からはじまる遺書は、一八条の要求が連ねられている。
一、私の埋葬準備をする者は、良きイスラム教徒であるように。二、私の遺体を棺に入れる者は私の目を閉じさせ、私が天に上るよう祈るように。死んだときの服装ではなく、私に新しい服装を着せるように。三、だれも泣いてはならない。（全文翻訳は『テロリストの軌跡』草思社、二五二〜二五三頁参照）
こんな調子でつづき、イスラム教徒ならある程度決まっているフォーマットを踏襲して書いたとされる。ただし、八の「私の遺体を清める者は良きイスラム教徒であるように」という箇所には、多くのイスラム専門家が違和感を表明する。イスラム教徒は死ぬと水で体を清めるが、「殉教」とみなされる場合は清めることはないという。そこから類推されることは、まだこの時点ではハイジャックテロで「殉教」する予定はなかったと考えるか、あるいは、この遺書はよくあるカルト集団の加入の際の血判状であり、テロ実行犯としての自覚を表明したものか、さまざま意見は分かれるが、とにかくアタは遺書をしたためた。

ドイツを歩いているわたしの目に、内ポケットに遺書をいれて歩くアタの後姿がみえる気がする。たとえばこんな姿だ。ある日、アタは大学の帰り道、ハールブルクの路上を歩いている。ドイツの冬のぶ厚い灰色の雲が空にフタをしている。そのとき敷石の段差につまずいた。両手にいっぱいかかえていた卒論の資料が路上にぶちまかれ、体をしたたかにうちつけた。卒論はのち「危機にさらされたアレッポの旧市街——あるイスラム東洋都市における都市開発」というタイトルで完成され、「Sehr gut（非常に良い：最上級の評価）」と評価されることになるものだ。

道にひろがった資料から数枚の写真がのぞいている。調査研究のために訪問したときに撮ったシリアの古都アレッポの写真だ。古く美しい街並みと中世以来の城塞、そして元気に笑う町の少年たちが写っている。シリアで内戦がはじまる以前のことだ。アタは卒論の一節にこう書いている。

「今日の我々の使命は、イスラムに根ざしたオリエント都市が将来も生きつづけていけるよう支援してくためにに、研究することである。そこで柱になるのは、研究対象となる住人たちが健康で人間らしい生活をできるよう保障することである」

アレッポは、かつて何もかもが美しかった。ドイツ人指導教官の勧めもあったにせよ、アレッポは自分のテーマを探求するのにぴったりの町だった。イスラム的伝統に根ざしながら繁栄し平和に発展してきた都市が、今では欧米的価値観によって破壊され、姿を変えようとしている。

「アレッポでは、今世紀（二〇世紀）の初頭から西洋化のプロセスがはじまっていると考えられる。旧市街の破壊はもう誰がみても明らかになった。幹線道路の貫通と区画の再編成が旧市街に深い傷を負わせている」（卒論）

やらなければならないことがある。それは何だろうか。どこへ向かえばいいのか。資料を一枚一枚丁寧に拾いあげていると、ある文字が目に飛び込んでくる。犠牲。自分は犠牲者じゃないのか、とアタは思う。植民地支配をしてきた西欧帝国主義の歴史の犠牲者、アメリカ的な暴力的画一主義の犠牲者。努力と勉強の甲斐もむなしく、母国で出世から外れてしまった犠牲者。湾岸戦争・ボスニア紛争・パレスチナ紛争・チェチェン紛争……世界各地で繰り広げられる戦争においていつもイスラム教徒は殺される。欧米は空爆をする側であり、自分は殺される側の人間だ。時代の犠牲者、歴史の犠牲者、社会の犠牲者。世の中で起こっているすべてのことは、仕組まれたことだ。その仕組みを壊さない限り、何も変わらない。自分の人生も。そんなことを誰に語るでもなく口ごもりながら歩いていくアタの背中が、わたしにはみえる気がする。

マリーエン通り五四番地。ここには九八年からテロ実行犯となる二人の若者と一緒に住みだした四階建てのアパートがある。ファサードには何の装飾もない。白い真四角な窓枠にはまる滑り出し窓が、ビジネスホテルのように並んでいる。

家賃は光熱費・水道代・ごみ処理費込みで九一六・七五マルク（約五万四九六〇円）の3DKだ。窓からは対面にある同じような簡素な現代アパートがみえ、見上げればアパートの線に四角く縁どられた、ハンブルクの灰色の空が広がる。

その部屋で、アタたちはしずかに暮らしていた。家の壁は白かった。キッチンにはドイツで典型的な、四つ口の丸い電気コンロとオーブンがついていた。そこで簡単な料理をし、みなで食べた。クミンやバジルやコリアンダーやマスタードシードなどのスパイスのにおいが、換気扇から外へにげていった。カイロよりよほど寒いドイツでも、セントラルヒーティングが完備されているおかげで部屋のなかはあたたかかった。テレビもアルコールも飾り気もない部屋で、あご髭を長々と伸ばした若い男たちは、何を語りあったのだろうか。

一九九五年、アタがメッカ巡礼の旅をして何かが変わりはじめたころ、日本の片隅でわたしは、大学を終えたら日本を出ようと思っていた。

時代は節目を迎えていた。地下鉄サリン事件が起きた。東京のメトロでサリンをまき散らし、多数の死傷者を出したオウム真理教が連日メディアをにぎわせていた。海外ではオウムのことを仏教系セクトと呼んでいた（だから仏教は危険だ、というものいいが仏教になじみのある日本人には違和感を覚えるように、イスラムとテロを安易に結びつけるのも、多くのイスラム教徒にとって違和感がある）。

阪神淡路大震災が起きた。都会を襲う大震災の被害は目をおおうようだった。

Windows95がアメリカから上陸し、ネット社会が幕開けした。企業から家庭へ、さらに個人へとパソコンが普及していき、のちのスマホ社会を用意した。炎上と無関心、世界の価値の一元化がどんどん進んでいくことになった。戦後、政治思想家の丸山眞男は「タコつぼ型」という言葉を使ってこう説明したことがある。日本人は自らを社会全体の一員と感じるよりも、自分が属する小さな組織の一員としてしか感じることなく、共通の根を欠いたタコつぼ社会に生きていると。Windows95の登場以降、タコつぼ社会はとうとう個人にまで浸透し、個々人はそれぞれ分断されたまま、タコつぼのなかで不信感をつのらせ同じようなことを考えるようになった。平成の終わりから、令和の初頭になって深刻化した引きこもりともリンクする。

一年前の一九九四年には大規模小売店舗法が改正され、大型ショッピングセンターの幕開けとなった。もともとは大規模店を規制して地元の中小業者を保護する目的の法律だった。この法律が日米の貿易格差を大きくし、アメリカが損をしているから廃止しろ、というアメリカ政府の強制的要求があり、それに応える形で改正がおこなわれた。その後、全国津々浦々にみられることになるシャッター通りへの道筋がこの法律により整った。

同九五年、日経連（日本経営者団体連盟、二〇〇二年に経団連と統合）が「新時代の『日本的経営』」を発表し、非正規雇用を多数とする労働者の階層化を提言した。ねらいは、正規雇用者を減少させて、賃金を抑制することだった。翌九六年、「労働者派遣法」が改正され、雇用の自由化が拡大する。自由の名のもとに雇用が不安定化し、賃金は減少、格差が拡大し、社会は分断され、外国人労働者を多数受け入れていくしかなくっていく時代へゆっくりとしかし確実に傾斜していく。すべて現在につながる問題の土台が与えられたのだった。学生にとっては就職氷河期時代のはじまりだったが、メディアは非正規雇用者をフリーターと呼び、「自分の好きなことで生きる」「組織に属さない自由な働き方が魅力」「自分の時間を確保しよう」といった文脈で称揚していた。その世代はロスジェネと呼ばれ、今、経済的に苦しい中年期を突きつけられている者も少なくない。

この年の参議院選挙の投票率は四四・五二％と五割を割り込み、戦後最低記録をマーク。ひとびとの政治への無関心はピークに達した。支配層にとってこれほどありがたい話はない。皮肉にも日本は「失われた二〇年」をまっしぐらに生きることになる。閉塞感と崩壊した都市の映像と、底が抜けたような虚無感がいたるところに漂っていた。

そのころ、ドイツはどうだったか。九〇年代中期、ドイツの状況も混乱していたのは確かだ。一九八九年にベルリンの壁が崩壊し、一九九〇年に東西ドイツの再統一が果たされたものの、旧西ドイツに編入された旧東ドイツの混乱はつづいていた。自由で豊かな西側諸国に希望をみて、壁の崩壊に歓喜した旧東ドイツ市民たちを待ち受けていたのは、資本主義の厳しい現実だった。ドイツ統一が欧州統合のへの大きな一歩だ、といったうたい文句がシャンパンムードのなかで踊ったのは一瞬のことで、酔いからさめてみれば、歩き出したばかりの新生ドイツはつまずいてばかりいた。旧東ドイツ地域は「新連邦州」と名前を変えて、もとからある旧西ドイツの「旧連邦州」と合体したが、新がついた州は多くの問題をかかえた。旧国営企業はばたばたと倒産し、失業者があふれだした。残った工場や旧警察組織の再編には西側から派遣されたエリートたちが陣頭指揮をとり、新連邦州市民たちのなかには、今までの生き方を否定されたような不満と、将来への不安が広がった。また当地域からはネオナチら極右勢力が台頭し、移民や外国人らへの暴力により不満を爆発させた。ドイツ全体の経済も足を引っ張られ、東西両地域の失業率は上がっていく一方だった。全土の失業率は九五年一〇・四％で三五〇万人を突破（新連邦州：一四・八％、旧連邦州：九・一％）。九六年一一・四％（新：一六・六％、旧：九・九％）、九七年にいたっては一二・七％（新：一九・一％、旧：一〇・八％）で約四四〇万人に達した。東西を比較すると、時間がたつにつれ、新連邦州の失業率は旧連邦州の二倍にふくれあがっていく。再統一から一五年目の二〇〇五年の失業者は全土で五〇〇〇万人を突破する（連邦労働局調べ）。

新生国家ドイツの船出は、波乱含みだった。

だがベルリンは元気だった。ベルリンの壁が撤去されると、町のど真ん中に戦後から放置されてきた焦土が突然あらわれた。底はついた、あとは上るだけ、とばかりにベルリンの中心部は欧州最大の工事現場になっていった。旧東ベルリン地区には、土地や家屋、工場の所有権が不明になる物件が多数出た。それらを所有していた国有企業がつぶれたり、元の住民が西ドイツ側へ引っ越したりして、お化け屋敷になっている物件があちこちに登場した。これに目をつけたのがクリエイティブな若者たちだ。先立つものは何もないが、アイデアとパワーと希望と自由をもてあます青年たちがそうした物件を不法占拠し、自分たちの拠点にしていったのだ。それまで治安を守ってきた東ドイツの警察組織はなく、新生ドイツの新組織の編成もぐずぐずしており、取り締まる者があいまいな空白地帯がいたるところに出現した。

英語では不法占拠アクションをスコーターといい、占拠物件のことをスクワットと呼ぶ。ドイツ語ではHausbesetzung《ハウスベゼッツウング》といい、直訳は住居占拠だ。こうした不法占拠は、欧州の各所で七〇年代から市民運動や政治活動、自治運動、野外イベントを展開する上でおこなわれている。一九七〇年、西ドイツのケルンでは、社会主義自助グループがつぶれたチョコレート工場のオフィスを占拠して路上生活をしいられているストリートチルドレンたちを収容した。公共性に反しないことから土地を管理する役所側も不法占拠を容認する、という処置をとった。老朽化した建物に不法占拠があった場合、所有者が建て直すには資金が足りないため、めどが立つまで目をつぶる、ということもある。

不法占拠用の物件の持ち主が今は亡きユダヤ人だった、という例もある。ミッテ地区オラーニエンブルガー通りには有名なユダヤ教教会シナゴーグがある。その周辺はかつてユダヤ人地区だった。俗にいうゲットーだ。ナチ政権下の一九三八年、ドイツ各地で反ユダヤ人暴動「水晶の夜」が発生。ユダヤ人居住者たちは逮捕され、殺され、ある者は亡命した。このストリートも例外ではなかった。戦後、東ドイツの国営企業や住民が、ユダヤ人が残した物件を使用したが、再統一後また元の所有者に戻すことになった。だが所有者本人が存命ではないか、行方知らず、ということが多々あったのだ。

若者たちはお化け屋敷になった工場跡や住居を、まるで金銀財宝がうまっている宝箱を探すように探索した。ほこりをかぶった薄暗い地下の扉を開け、割れたガラスを片づけ、そこにガラクタ家具をもち込んで占拠していった。ある者はそこでサウンドシステムを組み立て、夜な夜な新しい音楽づくりに没頭した。ある者はそこをアトリエにして芸術活動をはじめた。何もない代わりに、すべては自由だった。酒も麻薬もアナーキズムも哲学も、なんでもありだった。自由を使いこなすにはセンスとアイデアがいる。そうでないと放恣に流れ、すぐに荒廃する。ベルリンのアンダーグラウンドは発火し、テクノミュージックや新たなカルチャーシーンを生み出していくことになる。

日本にいるわたしには、ベルリンの町全体が不法も失敗も涙も悔恨も飲み込んで、焦土の上に新しく何かを作りだす実験場のように映った。

ベルリンへ行こうと思った。ベルリンはモハメド・アタが暮らす港町ハンブルクからは南東へ約二六〇キロ、ドイツの北東部に位置する。人口約三四〇万人（九七年当時。二〇一九年現在三六五万超）を擁すドイツ最大の都市で、東西再統一後、新生ドイツの首都として再出発した。

一八世紀にプロイセン王国、それにつづくドイツ帝国、ワイマール共和国、第三帝国の首都となり、戦争、廃墟、分断と満身創痍のドイツ現代史にその名を残すようになるが、それまでは辺境にある一地方都市にすぎず、シュプレー川の水運を利用した平和な商人町だった。早々と欧州や世界の富をわしずかみにするスーパーパワーが発達したルネサンスのイタリア、ハプルスブルク家のスペイン、ブルボン王家のフランス、七つの海を支配するエリザベス一世のイギリスといった面々に比べると、ドイツの出発はいかにも遅く、遅れてきたばかりに、しゃかりきに追い上げをかけ、負けたくないばかりについ武力に訴えて二度も戦争を起こして自滅していくのがこの国の負の側面で、そのエッセンスが凝縮しているのがベルリンの町ということもできる。だからベルリンの血には、どこか失敗と悔しさと憂鬱気質が流れている。

モハメド・アタが人生最後の日々を過ごしていたころ、わたしはベルリンへやってきた。一九九六年六月、明け方のベルリン動物園駅に到着した。初夏とはいえ、その年は寒く、まだ動き出す前の町並みは、灰色に固まった壁絵のようだった。行き暮れたホームレスと酔っ払い、黒い革ジャンを着込んだ若いパンクたちが、けものくさいシェパードを連れてたむろしていた。

駅構内から出て、夜と霧からまだ覚めていない暗がりに立つと、身震いした。

「おい、タバコくれ」蓬髪の浮浪者が声をかけてきた。髭にうずもれた顔がにっとわらった。すえた臭いがわたしをつつんだ。目が汚れていなくて、どこかにちゃめっけがあった。嬉しそうにタバコを吸うと、何かもごもごと語ったが、理解できなかったから適当に相槌をうち、腹が減った、とわたしは英語で言った。

男はこっちへこい、と手で促し、わたしは駅裏に連れていかれた。ガード下には、みなりの良くない男女が並んでいた。看板にはバーンホフ・ミッションと書かれた文字と十字マークがあった。失業者やホームレスたちに食事を無料で提供しているところだった。

きょろきょろしていると、わたしは浮いた。並ぶひとびとは、世間慣れしていないアジアの若造に一瞥をくれると、また暗い自分の世界に戻るのだった。こっちに並んで、と列を整理している明るい男がスタッフらしく、わたしが取材にでもきたと思ったのか、流暢な英語で、ここの説明をしてくれた。

一九〇〇年前後、ベルリンやハンブルクは工業化し近代化して一気に大きくなっていった。地方に住んでいる人間が、次から次へと大都市を目指してやってきた。ベルリンもそうした人間たちを飲み込んで、ますます大きくなっていった。しかし人間が増えるにしたがって、問題も増えた。流れに乗れない者が出る。とくに地方出の若い女たちはつらい目にあう者が多かった。仕事場で搾取され、売り飛ばされ、なかには売春窟に身を沈めた者もいた。そこでプロテスタント教会が救済施設をつくり、食事や宿を提供した。それが今は失業者やホームレスたちの援助施設になっているという。

食べなさい、と言われ渡されたパンは、黒パンのサンドイッチだった。チーズがはさんであるだけのシンプルなものだったが、パンの酸味とチーズがよく合い、ひどくうまかった。一〇〇年前の田舎娘がベルリンに出てきて、涙といっしょに食べた味とたいして変わらないのだろう。

ツォー駅から旧東ベルリンへ向かうSバーンに乗った。電車は町の真ん中に建つブランデンブルク門やポツダム広場をかかえる平地を、時計回りに走っていく。車窓からベルリンの町をみた。いたるところ、土くれがむき出しだ。古びたアパートの壁には赤や青のスプレーでグラフィティが描かれ、部屋の窓やバルコニーには、グラフィティと同じような色をした花が咲いている。

フリードリヒ通り駅で降りた。東西分断時代、ここが境界のひとつになっていた。駅は工事現場のなかにあった。ドリルの音が鳴りひびいていた。せまい階段をおりて高架下をぬけて外へ出た。駅裏にはソーセージとポメス（フライドポテト）を売るスタンドがあり、ひとびとがもぐもぐ口を動かしていた。

ホテル・ウンターデンリンデン（二〇〇六年解体。現在は商業複合施設 Upper Eastside Berlin）を左手にして、フリードリヒ通りを南へ歩いた。建設中の建物ばかりで、途中で行き止まりになった。飯場を横目にみながら迂回すると、かつて東西ベルリンの検問所だったチェックポイント・チャーリーに出た。

そこでみたのは、地面に立つ十字架の記念碑だった。「ペーター・フェヒター追悼記念碑」とある。東ベルリンから壁を越えて逃亡しようとした一八歳の少年が撃たれて死んだ場所だった。

記録によると、一九四四年生まれのペーターは幼い日に終戦を迎え、ベルリン東部ヴァイセンゼーで育った。結婚した姉は西ベルリンに移住していった。ドイツ分断後も東ベルリンにいた両親と一緒に、西ベルリンの姉の元へよく遊びに行った。一九六一年、東ドイツ政府がベルリンの壁をつくると、一八歳のペーターは友人で仕事仲間でもあったヘルムート・クルバイクと二人で西への亡命を考えはじめ、ベルリンの壁周辺を調べはじめた。ふたりはウンターデンリンデン通りにあるカイザー・ヴィルヘルム宮殿（現在の旧宮殿 Altes Palais）の再建工事にたずさわる建設作業員だった。昼休みになると、近くのインビス（軽食スタンド）で逃亡計画をねった。

計画の実行は一九六二年八月一七日金曜日、夏の週末の一四時過ぎだった。壁ができてからちょうど一年目のこと。二人がツィマー通りに沿って立つ壁の東ベルリン側からよじ登り脱出しようとしたところ、東ドイツの国境警備兵が発見し、二人に向けてカラシニコフ銃を発砲。ヘルムートはかろうじて逃げ切り脱出に成功。だが銃弾がペーターに命中し、東ベルリン側の立ち入り禁止の無人地帯に転落。重傷を負い、助けを求めて叫び声をあげた。助けて！　助けて！

騒ぎに気がついたひとびとが、東側からも西側から集まってきて、事態の推移を見守った。だが東ドイツの当局はすぐに動かなかった。西側は即、警察に連絡がいったが国境外だけに近づけず、たおれているペーターに呼びかけて包帯セットを投げ込むのがせいぜいだったが、有刺鉄線にからまった瀕死の少年は何もできなかった。上空には米軍のヘリコプターが旋回して経緯を見守っていたが、われわれがかかわる問題ではないと救出には動かなかった。ペーターは血を流しつづけ、声はどんどん小さくなっていった。ようやく重い腰を上げた東の国境警備隊が禁止区域に入り、ペーターを病院に収容。すぐに息を引き取った。

撃った警備兵も二六歳と二〇歳と若かった。国境警備に立った若者はほぼみな兵役をこなしている素人だった。撃つ方も撃たれる方も憎しみあう理由はなく、その後の人生もまだ長かっただろう。時はながれ、ベルリンの壁はなくなった。誰が一番幸せになったのだろう。ペーターが壁を越えたからといって、幸せになれたかどうかはわからない。ペーターが日本に生まれても幸せになったかどうかはわからないが、しかし自分で選ぼうとした道を阻まれて死んでいくことは最大の不幸だった。

ツォー駅にもどって構内のカフェのスタンドで、濃いコーヒーをすすった。

遠距離列車の出入り口周辺は、大きな荷物をかかえた者たちが入り乱れて、ごった返していた。大きなカーキ色のリュックを背負い、ブーツをはいた兵役の青年（のち徴兵制度は廃止される）、そろいのジャージを着たスポーツグループ、出張へ出ていくビジネスマンたち。

外国人旅行者と移民労働者もいたが、両者の違いははっきりしていた。旅行者はみな一様に明るいオーラをまとい身のこなしが軽やかだった。移民労働者たちは違った。東欧系や中近東系が多く、彼らは大きな荷物をいくつもかかえ、家族単位の者が多かった。幼い子どもや年寄りが混じり、みな押し黙っていた。自分の国を捨ててベルリンへきたのか。これからベルリンを後にするのか。

一九九七年、わたしはベルリン工科大学に入学した。大学はツォー駅のちかくにある。歴史はまあまあ古い。一八九七年に設立されたベルリン王立工科大学を前身とし、一九四六年以降、文科系学部も含めた総合大学として再出発した。ベルリンではベルリン自由大学、フンボルト大学とならぶマンモス総合大学だ。学生数は常時三万四〇〇〇～三万五一〇〇人をかかえ、そのなかで八千人超の外国人学生が学ぶ。

この大学にきてドイツ人学生以外にも、日本の日常生活のなかではお目にかかれない中近東や旧ソビエト連邦だった東欧諸国、ベトナム、ラオス、インドネシア、インド、南米、アフリカなど、さまざまなバックグラウンドをもち宗教も思想も生き方も習慣も異なる学生と出会えたことは貴重だった。多様性を重んじるという点で、これほど理想的なところもなかった。だがニンゲンである以上、腹の底までは、そうもいかないところもあるようだった。たとえば、大学の男子トイレの個室はさながら戦場だった。日頃の鬱憤をはらすかのように個室の壁にはありとあらゆる差別と侮蔑の言葉がびっしり書きこまれていた。ズボンを下ろした学生たちが、ふんばりながら殴り書きしているのは、こんな言葉なのだ。

「ユダヤ人は滅びよ、あたらしいヒトラーの出現を望む！　強制収容所をもう一度！」

「トルコ人には脳みそがない！」

「集え！　アルカイダのテロ支援者」（筆者註：九・一一テロが起こる前の話だ）

「ドイツ人、アメリカ人、ユダヤ人、覚悟しろ。第三次世界大戦はアラブ諸国が一つになって勝利する！」

「おかまは自分のチンポをしゃぶっておけ！」

「くたばれ、アジア人。米食い虫ども、ニンニク臭いぞ！」

「もう一度ベルリンの壁の建設を！　オッシー（東ドイツ人）くたばれ」

「イチモツ自慢のきみ、僕の尻につっこんでくれ！　電話〇一七〇―××××」

「昨日、ここで歴史学科のシュテェファニーとファックした。あいつのあそこは強烈に臭い！」

「ハシシ、スピード、コカイン、ヘロイン、なんでもあります！　電話〇一六〇―××××」

「××学科のプロフェッサー××はゲイ！　男子学生がしゃぶってやると卒業できる！」

世間では許されない差別と侮蔑の言葉が、尻の穴をあけたとたん、もれてくるのだろうか。悪ノリした本音が、ここぞとばかりにぶちまけられていた。便所の落書きが荒れるのは日本と変わらないが、なるほどこれがベルリンの荒れ模様なのだった。おのれのなかに巣食う悪をありのまま告白する点で、カトリック教会の告解所に似ていたが、神父に罪の許しをこうのではなく、誰が敵なのかをはっきりさせ、万人の万人に対する闘争に参加する覚悟をかためるための、浄めの場所という感じなのだった。

そして誰もがカッケ《うんこ》を出し切ったあとに、再生紙でできたごわごわのトイレットペーパーの硬さにケチをつけるのだ。環境にはやさしいが、ケツの穴にはやさしくないのだった。

個室の暗がりに座り込むと、わたしも考えこんだ。日本人の自分はなんと書けばいいのか。敵はいったい誰なのか。自分なのか、世間なのか、アメリカなのか。マスコミや評論家がいうように、朝鮮半島なのか。そもそも敵など必要なのだろうか。

四角い個室に入ってしまえば、本来、敵も味方も関係なく、もしかすると敵がすませたばかりの、ぬくもった便器に腰を下ろしているのかもしれず、同じようにカッケを垂れるのだ。水に流せば、世界中にはりめぐらされた、無限に広がる排水管があちらこちらで合流し、巨大なひとつの流れとなっていく。カッケであれ、魂であれ、宗教であれ、政治であれ、人間が苦労してひり出したものに、上も下も、正義も邪悪も、敵も味方もないはずなのだ。みな自分を生きながら、最後はひとつの頂上にたどり着くのではないか。

違いはあるだろう。でもそれは個性だ。食べたものや体調や生まれ育った環境や時代によって、みんな違うにすぎない。だが、世界の支配者たちはその違いを絶対化し、優劣をつけ、自分を正義として敵を悪とし、闘うために旗をかかげ、憎しみあわせ、殺しあわせる。そこからカネがマグマのように生まれてくる。無尽蔵に。夢まぼろしのように。泡のように。そして若者の死体と後悔だけが後世にひきつがれる。死体になりたくなければエリートになれ。エリートになって、死体を送り出す側になれ。死体をほめたたえる側になれ。そのエリートも、結局支配層のいうことを実行するだけの兵隊だ。イエスマンだけが出世する。

おそらく、それが世間向けに支配者たちが用意したルールだ。世間で生きるには多かれ少なかれ、そのルールにしたがわない限り、生きる権利を与えてもらえないのだ。その正義を身につけ、誰かを敵としないといけないのだ。

だが、残念ながらいくら力んでも、わたしのなかから敵の姿は出てこなかった。やむをえず、べルリンの現実に参戦するために、冗談で「鬼畜米英」と漢字で書いてみたことがあった。次の日、意味など理解していないと思われる学生が、その横にドイツ語で「孔子いわく（Konfuzius sagt→）」と書きたしてあるのだった。

トイレの戦場からぬけだした一九九八年のある日、タバコを巻きながらキャンパスのカフェテラスでコーヒーをすすっていると、アラブ系の学生に声をかけられた。

「イスラエルに対する抗議集会に、きみもぜひ参加してほしい」

本館にある教室を貸し切って、イスラエルによるパレスチナ弾圧に抗議する学生集会があるという。物腰は柔らかいが目つきに怒りがやどっている。彼らが虐げられているのは知ってはいても、わたしにはどこか遠い。生返事をしていると、「きみはアジア人学生だろう。ぜひ、連帯《ソリダリテート》を」と言った。

わたしはアジア人なのだからパレスチナ人と連帯するのが当然だ、という口ぶりだった。その論理は少し飛躍しているが、言いたいことはわかった。「きみはアジア人だろう、外国人だろう、いろいろ大変な思いをしているだろう、だからパレスチナの気持ちがわかるだろう」といったニュアンスなのだ。ドイツにいると、仲のいい外国人同士が、外国人への差別用語をあえて使って「カナッケ」（土人）と呼び合い、ニヤッと笑うことがある。そこにはお互い外国人として苦労していてわかりあえるよな、という暗黙の共感がある。ドイツ人と外国人という対立、白人と有色人という対立からくる大変さもお互いかみしめている、という前提がある。

学生がつづけた。

「ドイツではイスラエルに対してははっきりものが言えない。ナチの負い目があるからだ。でもナチがユダヤ人にやったことと、イスラエルがパレスチナにやっていることは同じなんだ」

「きみはどこからきたの？」とわたしはたずねた。

「ガザだ」やはりパレスチナ人本人だ。暗い目をしている。その暗さと怒りに惹かれた。

「わかった」

イスラエルとパレスチナの恨みあいと殺しあいはずっとつづいている。パレスチナの土地は旧約聖書にはカナンという名前で登場し、「乳と蜜の流れる土地」とその肥沃ぶりが称揚されている。紀元前から古代民族ペリシテ人（滅亡）、旧約聖書の民イスラエル民族、エジプト王朝、バビロニア王朝、ローマ帝国とさまざま侵略者は変わってきた。七世紀以降はイスラム帝国が入り込み、十字軍によるエルサレム侵略などをはさむが、一六世紀以降はオスマントルコ帝国の登場があり、長いことイスラム国家のもとに暮らしてきた。だがその帝国の崩壊とともに現代のパレスチナ紛争がはじまった。約百年前の話だ。英仏露ら欧州列強がオスマントルコの土地をめぐって、ウソも陰謀も三枚舌もなんでもありのつかみどり合戦をはじめ、そこへパレスチナ（イスラエル）の地に故郷を再建しようとするユダヤ復興運動シオニズムが加わり、収拾がつかなくなった。ナチのホロコーストに同情する欧米の後押しを受け、国際連合の命令によりパレスチナを分割してユダヤ人によるイスラエル国家が誕生すると、もともと暮らしていたパレスチナ人（パレスチナのアラブ人）と入植ユダヤ人との間に軋轢が生まれ、アラブ諸国と欧米を巻き込む中東戦争に発展。両者の間に血で血を洗う紛争が今日もつづく。神に選ばれし民による隣人国家への侵略は旧約聖書の定番テーマだが、数千年たっても同じことを繰り返しているようにみえる。

集会に集まっている六〇人ほどの学生は、アラブ系やトルコ系の髭面の男子学生が半分以上をしめ、三分の一がドイツ人の男女の学生だった。黒板には「もっと対話を、もっと理性を」と書かれていた。

先ほど誘ってきた学生が司会進行らしく、演壇に立って大きな声で語りだした。

「今日は集まってくれてどうもありがとう。イスラエルによるパレスチナへのテロが激化していて、ぼくらのような普通の市民がイスラエル軍に無差別に殺されている現状を共有したいと思います。そして世界各地で高まるムスリムへの弾圧で苦しむひとびととの連帯を示したい。そこで、今回自分の経験を話してもらおうと二人の学生にきてもらいました。パレスチナ出身のムーサと、もう一人サラエボ出身のオスマンです。ショートフィルムをみて、最後にみんなで意見交換をしたいと思います。

簡単に自己紹介させてください。ぼくの名前はモハメド・サレハです。八〇年代後半にインティファーダへの弾圧がきつくなって両親とともにドイツに難民としてきて、以来ずっとこっちで暮らしている。学科は情報工学専攻です」

教室の電気が消され、ドキュメントフィルムが流れた。アラブ語で語られるナレーターに、英語の字幕がついていた。重装備したイスラエル軍に蹂躙されるパレスチナ市民の映像だった。一〇代の少年や少女がイスラエル兵に射殺され、悲劇のニュースがパレスチナ人の間に広まり、怒りにさらなる油を注ぐ。それが大きなデモの暴発となり、戦車への投石となり、対抗するためにさらに大きな軍事力をイスラエル軍がおおいかぶせてくる。偶然映り込んだイスラエル兵の表情にはおそれとおびえがあった。

二〇歳を過ぎたころ、ネパールのカトマンズの安宿で、日がな一日マリファナを吸うイスラエルの若者と仲良くなったことがあった。ロック好きで、長髪の、普通の若者だった。旅の情報を交換しあった。シャイと名乗った。シャイは、バスでポカラの町へ行け、としつこくいった。アンナプルナの壮大な山々に映る朝日をみたら人生が変わるからと。

話は旅にとどまらない。自分の生きている場所のことを語り、相手の生きている場所のことをたずねた。新しいジョイントを作り、ペーパーをなめて、ぐるっと巻きつけ終わると、彼は火をつけずにテーブルに置いた。話はパレスチナのことになった。

「兵役でパレスチナのボーダーの警備に何度か立たされた。ガンをもってだ。はっきりいってハッピーな仕事ではない。ぼくにはパレスチナ人の友達もいる。ガンはおもちゃじゃないんだ。撃たなきゃいけないこともある。あるとき、パレスチナのデモ隊への発砲命令が出た。特定の誰かにフォーカスするんじゃなくて、ひとの群れに向けて撃てというわけさ。とっさにひとの頭の上の空に銃口を向けた」シャイがみえない銃をかまえた。「数発撃った。こわくてぼくはまともに相手をみていなかった。あっちこっちに銃口を向けていたら、ひとりに命中した。同じ年くらいの若者で、何かを叫びながら、とてもゆっくり倒れていった。いや、そうみえたんだろうな。後ろに倒れていくときに、大きく口を開けていたから、口のなかがみえたような気がした。パレスチナ人が殺到して、その青年をかかえあげ運んでいった。手も足もだらんと落ちていた」

「死んだの？」

「死んだだろう。一生忘れられない」

それまで陽気にラリっていたシャイの目は昏かった。これ以上踏み込むのは、いけないような気がした。インドやネパールの安宿で羽目をはずすイスラエルのバックパッカーたちが、ときに暴力的なまでに高ぶるのを何度かみたが、それは垢落しなのかもしれなかった。ひとを殺したことのある人間と握手したのは、これが初めてだった。

ベルリンのドキュメントはパレスチナ側の視点に立っていたが、画面に悪として映り込むイスラエル人のなかに、カトマンズのマリファナ青年がいるような気がした。撃つ方も撃たれる方も、救われない。モハメドが立ち上がって言葉をつないだ。

「もう、二〇世紀も終わろうとしているのに、人間は中世から、いや、原始時代からずっとおんなじことを繰り返しているんだ。そしてバルカン半島でも、パレスチナでも同じことがおこなわれている。イスラエルがパレスチナ人を殺しつづける。後ろ盾はアメリカだ。世界最大の帝国主義国家だ。ぼくらには希望がない。ただ生きて暮らしているだけなのに、ミサイルが飛んでくる。ぼくらが祈る場所すら、武装して、待ち受けているんだ。そんなことをする理由がどこにあるんだ？ ただぼくらが住んでいた、というだけの理由だ。そこへいきなりやってきて、これからおまえたちは出て行ってくれという。ぼくらの安住する場所はいきなりなくなった。逃げる場所も家族でゆっくり眠る場所もない。ぼくらの声に耳を傾けようとする態度もなければ、歩み寄ろうとする気持ちもまったくない。

これじゃあ、どうすればいい？ パレスチナには自由がない、自分たちのことを自分たちで決める自由が。ぼくが欲しいのはそれだけだ。強制される居住地、強制される祈りの場所、強制されるルール、強制される生き方、それで人間が生きていけると思うかい？

銃口を突きつけられながら生きる毎日のなかで、誰がこころからゆっくりとお茶を飲めるんだ？　横で家族がイスラエルの銃によって血を流しているのをみて、誰がこころからゆっくり、家族のだんらんができるんだ？　みんなどうすればいいと思う？」

「闘うしかない」と一人の学生が声を上げた。

「そうだ、闘うしかない」別の学生が唱和した。

憎しみは簡単に増殖する。若い体に宿ったがん細胞のように。

「その通りだ、ぼくらは立ち上がらないといけないんだ」とモハメドが引き取った。みなを見渡し、言葉を選んでこう言った。「きみたちがイスラム教徒だろうがなかろうが関係ない。誰でもパレスチナのために立ち上がることはできる。ユダヤ人、そしてイスラエル国家、世界のルールを決めるアメリカ、アメリカに従属する国々、これがみんなぼくらを苦しめる。それと闘うんだ」

煮詰まり、居場所をなくし、先がみえなくなったわたしの分身がここにもいる、と思った。そして負を背負わされている彼らの存在の分母にはイスラムがあった。わたしと違うのはその点だけだった。

モハメドが言った。「いま、世界のムスリムは虐げられている。これはシナリオなのさ。アメリカナイズされた欧米の帝国主義者たちはいつも悪のレッテルを貼って敵をつくりあげ、寄ってたかって殺し、それが消えると、また次の敵をつくりあげる。第二次世界大戦のとき悪を代表したのがナチスドイツだった。アジアでは日本。どちらも戦争に負けて、日本はアメリカに飲み込まれた。次に悪になったのは共産主義だ。だけどそれは自分からつぶれていった。そして今、悪にさせられているのがイスラム教徒だ」

ナチスドイツと日本、共産主義、そしていまイスラム。

「まるでハリウッド映画の敵役じゃないか」わたしはとっさに言った。学生たちが見知らぬ日本人をいっせいにみた。モハメドがわたしの言葉を引きとって言った。

「言うとおりだ。ナチのゲッベルスより上手なプロパガンダさ。今はハリウッドと広告代理店がメディアを使ってスマートに吹き込む。ちょっと前にはやった映画『アルマゲドン』とか『インディペンデンス・ディ』をみたことはあるかい？　みんな同じさ。アメリカが危機に陥る。家族や恋人や友達が苦しむ。アメリカ大統領が出てきて演説をする。それを世界中のひとびとがラジオやテレビで聴き、感動する。そして愛する人たちのために米軍が立ち上がる。最後は敵を倒し、アメリカ大統領がヒーローたちをたたえ、みなが抱き合って涙を流す。そこにエアロスミスのバラードが流れてきて、観客は感動にひたされる。リラックスした状態に吹きこまれるプロバガンダほど体にしみこむものはないのさ。この同じからくりをアメリカ人は手を変え品を変え、敵役を変えて、ずっとやりつづけているのさ。これからも変わりはしない。そして現実世界で米軍は戦争をしつづける。トム・クルーズの『トップガン』がはやったときは米軍の空軍志願者が殺到したという話だ。兵士集めにも便利なハリウッド映画はナチより巧妙だ。完璧な国策プロパガンダだ」

そしてモハメドがわたしに冗談めかして言った。

「きみは日本人だったね。日本は、世界中の女たちから支持されるハリウッドの俳優たちの栄えある敵役に選ばれていたのさ」

「だとすれば、ぼくは世界中の女たちの敵ということになるな」

笑い声が上がった。冗談のつもりだった。だが、いやな後味を味わったのは自分自身だった。とっさに自虐をはたらくのは悪い癖だ。否定に否定を重ねた言葉は、自分の行く道をますますせまくしていく。選択の自由がなくなり、現状がぶ厚い壁に囲まれているように思えてくる。その壁をぶち壊さないことには前に進めない。壁がじつは自分が作り上げている幻影かもしれない、という思考など、これっぽちもないのだ。みえない壁は時間とともにぶ厚くなっていく。あげく絶望する。

これは自分だけの問題ではないように思えた。この場所を共有している者たちは、否定の言葉に共鳴しあう。とくにつらい場所に立っている者ほど、否定の言葉にさらされると、さらに否定を重ねていく。あれもダメだ、これもダメだ、すべてがダメだと。思考をあおりあい、自ら先鋭化していく。

モハメドたちは怒っていた。彼らを地獄に突き落とすのは、もちろん幻想ではなくリアルなものだ。リアルな銃弾であり、リアルな戦車だ。それでもわたしには、その壁を必要以上にぶ厚く積み上げていく作業を、みんなでやっているようにみえた。必要以上の苦しみを作り出しているのは自分たちだ。渦中にいる者に、そんな冷めた見方ができるわけがない。こんなとき、もし猛獣使いが出てきて棒を投げ込めば、猛獣たちはたけり狂ってそちらへ向かって飛び込んでいくことだろう。だれにも止められない。「もっと理性を」と書かれた黒板の文字がむなしい。

会はその後、町のひとびとに広く連帯を呼びかけるデモの準備やビラづくりなどに関する議論がはじまり、入り組んだドイツ語が交わされ、わたしはついていけなくなった。そしてタバコが吸いたくて、途中で抜けた。

とりあえずベルリンには戦争も紛争もない。ただ、そこから逃れてきた者たちはたくさんいた。モハメドやほかの学生の体からは、しみついたきな臭いにおいがした。彼らにはどんな未来が待っているんだろう、と思った。

楽しそうに語りあうドイツ人学生たちが目の前を通りかかった。襟のついた色物のシャツがよくにあう清潔な学生たちだ。道を踏み外すことなく歩いてきているのだ。これからも間違いのない道を歩いていくのだろう。二つの思いの間でゆれた。イスラムやパレスチナなど、しょせんひとごとじゃないか、という思い。そしてもう一つの思いはこうだった。彼らは生まれた場所が違うだけで、この世の中で生きづらさをかかえたソウルブラザーたちじゃないか。

それから間もなく、突然身内に不幸があり、二週間ほど日本に帰国した。

一九九九年六月、二年ぶりにみた日本は繁栄しているようにみえた。物にあふれ、ひとびとの表情は明るかった。明るくふるまっているだけなのか、本当に明るいのか、それはわからなかった。ベルリンの灰色の世界から、突然カラフルな世界に入ったようだった。何より日本の女たちがみな美しくみえた。ベルリンに戻ると、飛行機代に散財したため手元の資金が危なくなってきた。大学のキャンパスの芝生に座り込んで、六〇ペニヒ（三〇円）のコーヒーをすすりながらすきっ腹をかかえていると、声をかけられた。振り返ると、あまり笑わない顔が笑っている。モハメドだ。

二人で学食《メンザ》に移動した。モハメドがベジタリアンの列に並んだので、わたしもそうした。豚肉を食べないムスリム学生はたいていベジに並ぶ。メンザは毎日三種類ほどから選べるスタイルになっている。ミネストローネのような鍋料理一品、肉料理、そしてベジタリアンとなっていた。それぞれの列に並んで受け取り、最後にドリンクバーで飲み物を入れて、まとめて払う。ドリンクのチョイスは少なく、炭酸入りミネラルウォーター、コーラ、ファンタオレンジがあった。ファンタはもともとナチスドイツ時代の産物で、ドイツのエッセンが発祥だ。戦争中のドイツで、アメリカ企業のコカ・コーラは原材料の不足によりコーラの生産が難しくなり、代替製品の生産をせまられた。そこで乳青（ホエー）とリンゴの果肉とイタリアから手に入るさまざまな濃縮果実ジュースを混合して、一九四〇年にファンタを作り上げた。ファンタという名称はドイツ語の〝fantastisch（すばらしい）〟や〝fantasievoll（想像力の豊かな）〟という言葉を短縮したもの。オリジナルファンタは、今とは違ってリンゴのフレーバーが基本だった。後年、イタリアのコカ・コーラ傘下でオレンジフレーバーの炭酸飲料が発明され、ドイツでファンタ・クラーとして発売。世界的に広まった。

そんなファンタと肉抜きのホワイトソースのかかったパスタを前にして、モハメドと対面した。ひとしきり世間話をした。わたしは、日本に帰ってうまい飯を食ってきた、女たちがきれいだった、という話をし、モハメドは、ガザにまた砲弾が撃ち込まれ、今回は幼い子どもも巻き込まれた、という話をした。わたしは黙ってうなずいた。一九四八年のイスラエル建国以来、一九九七年に至るまで両者の紛争による死者は一三〇〇〇人を超えるとされる（ストックホルム国際平和研究所調べ）。砲弾は飛んでこないが、日本だって本当は生きづらい社会なんだ、と伝えたかった。日本の自殺者が年間三万人を超えたと報道があったばかりだった（一九九九年三万三〇四八人、警視庁統計）。日本人の敵は自分自身なのかもしれない。だが、モハメドに言って通じる話ではない。日本は世界のなかでもっとも恵まれている国のひとつなのだ。

話が暗くなりそうだったので、わたしは金に困っていることを話題にした。するとモハメドはぱっと顔色を変えて、そうか、それなら、一緒に働くか、と明るく言った。

「きみがよければ、ぼくが働いているポーターサービスを紹介するよ。空港の荷物運びさ」

「ぜひ、やりたい」

「わかった」

モハメドはブロックノートの端を破り、鉛筆で電話番号を書いてさしだした。

ポーターサービス会社Uの社長トーマスに会った。面接は数分で終わった。青いつなぎを着た巨体のトーマスが、わたしをじろじろみて、無言でわたしの肩と腕の肉を軽くもみ、「よし、ＯＫ」と言った。これでおしまいだ。場所はベルリン・テーゲル空港だった。肉体労働なら、同僚とうまくいきさえすればストレスはない。事務所を出るとき、トーマスが言った。

「きみと組むクラースはネオナチだから気をつけてね」

「え？」

「とても親切なやつだから」トーマスがウィンクした。その真意がわからなかった。

初日、空港のカフェで待機しているというクラースを探した。どきどきした。いた。身長は一八〇くらい、青々とそり上げたスキンヘッド、ネオナチ使用の深緑のボンバージャケット、黒いロゴの入ったフレッドペリーの白いポロシャツ、すそを折りまげたブルージーンズの下からは白ひもの編み上げブーツがのぞいている。ブーツの白ひも使用は右翼のシンボルで、赤ひも使用が左かパンクのシンボルだと聞いていた。

緊張した。眉間にしわを寄せて、タバコをくゆらせ、あたりをみまわしている。わたしは名乗り出た。鷹揚にこちらに顔を向け、わたしの足元から全身を眺めて値踏みすると言った。

「おまえがJか。トーマスから話は聞いてる。日本からだってな」

「うん」

すっと腕が伸びてきた。何をされるかと思ったら握手だった。万力のようにわたしの小さな指をしめつけた。にっと笑うと、無邪気さがにじみでた。「楽な仕事さ。空港で働くのは気分がいい。ジャンボが巨大な音をたてて、離着陸するのを毎日眺めるんだ。でかい飛行機を相手にしてると思うとスカッとする」

どん、と肩をたたかれた。小さいことにはあまりこだわらないタイプのようだった。みてくれは確かに現代のネオナチだが、差別感情をあらわにする者たちが発する下卑た臭いがいっさいなく、どこか清潔感がある。本人によると、六〇年代後半のロンドンのスキンヘッドたちへのリスペクトから着ているとのことだった。元来ロンドンのスキンズはネオナチではなかったという。新しく入ってきたレゲエミュージックを支持しだした労働者階級の子どもたちがボンバージャケットを着はじめ、その下にフレッドペリーのシャツとロールアップのジーンズを合わせサスペンダーで吊った。そのスタイルをネオナチたちがまねて、いまはネオナチの制服のようになったというのだから、ややこしい。

クラースはフンボルト大学の歴史学科に籍を置く学生で、将来は歴史の教師になることを考えていた。出身は北ドイツのリューベックだ。わたしがトーマス・マンの故郷じゃないかと言うと、彼はこう答えた。「あんな退屈な小説、読まなくていい」一気にうちとけた。

クラースのケータイが鳴る。モハメドからだ。飛行機が到着したという知らせ。クラースは手元のメモを読み上げる。B631ロンドン便、客は日本人のグループで三九名、スーツケースは三五個。九番ゲート。ポーターチームは写真入りのＩＤカードを首からぶら下げ、空港のセキュリティに提示し、おざなりのボディーチェックを受けてゲート内に入る。着陸した飛行機が翼をゆらしながらゲートに近づいてくる。飛行機が空港の建物に横づけされると、機体の腹が開き、荷物が下りてくる。客がバゲージクレームにたまりだすと、ブザーが鳴って、スーツケースがベルトコンベアーに載ってやってくる。目指す荷物にはツアーを主催する旅行代理店の同じタグがついている。みつけると拾い上げ、車輪つきの巨大台車に載せていく。一台の台車に約一五個の荷物が目安だ。スーツケースの大きさを黙視しながら、二重三重に重ねていく。下の層がデコボコだと運ぶ最中に山が崩れる。荷物を満載した台車をバスの駐車場まで運んでいく。バスの運転手と一緒に荷物をバスに詰め込み、数を確認して終了。これだけの単純作業だ。忙しいときは台車二台をひとりで運ぶ。テコの原理を使ってうまくバランスをとれば、それほどの怪力でなくとも、十分こなせるのだった。

運搬台車は、客でごった返すフロアをつっきる。

「フォアズィヒト、ビッテ！《ご注意下さい》　フォアズィヒト、ビッテ！　荷物が通ります！」クラースの威勢のいい声がひびきわたる。ひとびとがさっと分かれ、その間をポーターチームが進んでいく。荷物運び屋の決まり文句だ。

初日は初夏の夕方だったが、汗があごからしたたり落ちてＴシャツがぐっしょりになった。格好は動ければ何でもよかった。体を動かす爽快さを久しぶりに味わった。メンバーは多士済々。モハメドやクラース以外にもいろいろいた。音大でコントラバスを弾くアレックスや、緑の党の青年部リーダーをやっているフィリップ、トルコ人でいつも手持ち無沙汰になるとシャドウボクシングをしているアリ、アフリカ人学生で内乱の激しくなった祖国からの政治難民スマイリー・アブ。みんな笑ってしまうくらいフレンドリーかつオープンで、ドイツの良心を集めたようなメンバーだった。彼らの内面を政治的にたとえると中道左派から左派という感じだ。一言でいえばリベラル。ベルリンの居心地の良さは、みんな違ってみんないい、を本気で生きるこうしたリベラル派が一定の数いることだ。ナチへの反省が内面化している学校教育を、素直にうけとってきた戦後教育世代の良心が、ポジティブに結実している。ロスジェネのわたしも、義務教育をうけていた八〇年代は日教組の教育体制が強かっただけに、ことの理非は別として、リベラルな彼らと水が合うということはあるのだった。

同世代の多国籍チームに入り、みんなでひとつのことをやるのは、とても健康で、爽快で気持ちがよかった。初めての仕事を無事終え、金網に手をかけて、暗くなったテーゲル空港の滑走路をながめた。空港を吹きぬける初夏の夜風は、すべての苦しみを解放してくれるような慈悲深さがあった。この町に戻ってきた者や、この町から出ていく者もいれば、自分の町を捨てて、一縷の望みをいだいてこの町を目指してきた者もいる。管制塔の赤い灯が、空の旅人たちに、ここがベルリンだと手を振っているようにみえる。この日銭稼ぎが気に入った。

汗の量に比例してベルリンが自分を受け入れてくれるような気がした。理屈ではない。だからといって、頭の片隅にこびりついている理屈が汗で押し流されることもないのだった。ドイツくんだりまでやってきて、人生に何の当てもなく肉体労働に身をやつしている自分はいったい何なんだ、という理屈だ。

その夜、荷物運びの現場は、テンペルホーフ空港だった。町の中心部から南に位置するテンペルホーフ空港は、ナチの空軍基地として使われ、占領下ではアメリカの空軍が使ったこともあった。ソビエト連邦によるベルリン封鎖の際、孤立した西ベルリン市民のために、英米の空軍が物資を運び込むベルリン空輸作戦の舞台になったことでも知られる。二〇〇八年に閉鎖されるまで、本数は少なかったものの、現役の空港として機能していた。空港の建物は、ヒトラーが戦争をしていたころに、ベルリンを世界の首都にするべく推進されたゲルマニア計画の一環で建てられた直線的で威圧感のあるナチ建築だった。だが現代の空港としては規模が小さく、一日に数えるほどしかさばけず、古びて忘れられ、いつも夕日にひたされているような趣があった。

その日の仕事は小さなグループを二つこなすだけの簡単なもので、派遣されたのはわたしひとりだけ。ひたすらスーツケースに没頭した。単純作業にのめり込むと、汗をかくだけの肉体になり、一瞬、自分が消えていく快感があった。ブリュッセルからの最終便できた日本人グループの荷物は全部で一五個と少なかった。ロスバゲもなく、台車でバスに運び、ドライバーと一緒にトランクケースに積みおえた。ドライバーがトランクケースをバタンとしめると業務は終了した。紺のスーツ姿の男性添乗員がバスから降りてきて、握手を求めてきた。促されるまま手を握ると、手のひらにお札が入っていた。

二〇マルク（約一二〇〇円）。一瞬躊躇して拒もうとすると、添乗員はニコッと笑って、ビールでも飲んでくださいと言い、両手でわたしのこぶしをつつんだ。ドイツでチップは習慣の一つだ。ホテル、カフェ、レストラン、タクシーなどゲストに直接サービスを提供するところでは、支払いの際、端数を切り上げ少し色をつけて払うことが多い。公衆トイレにも出入り口に皿が置いてあることが多く、そこに清掃員あての小銭を置く。ただ、ポーターチームはツアーゲストの荷物をまとめて運ぶため、個々のゲストとふれあうこともなければ、金銭の授受もないため、それまでチップをもらったことはなかった。

客が消えると、時代遅れの空港は静まり返った。人生で初めてもらったチップで、キオスクに行ってビールを買った。構内のベンチに座ってためいきをつき、高すぎる天井を眺めながらビールを開けた。頭の片隅に、あまりみえてこない将来のことが浮かんでは消えた。東京でも、ベルリンでも、わたしは世間やまわりについていけず、嫉妬し怒ったりしながら地団太を踏んでいるだけで、前には一歩も進んでいなかった。そんな気分はベルリンにぴったりだった。九〇年代に入って再出発したドイツは、平和で民主的で経済の強い欧州に向かって前を見据えていても、どこか滞っていた。ベルリンはその典型だった。町の右半分を旧東ドイツに身を浸し、旧ソ連圏に門戸を開き、一気に時代遅れなものやひとや思考が流れ込んできた。町は、そんなことどもをすべて未解決なまま抱きとめた。矛盾もちぐはぐも強烈な貧困も退廃も。ベルリンには悪女の深情けがある。そして全ドイツのなかで一番貧しい州（ベルリンは単独で州としての行政権限をもつ）になっていた。

そんな町でテクノミュージックは爆発的な人気を誇った。メロディのない強烈な電子リズムを無限に連打するテクノは、思考停止、快感優先、融合幻想を手っ取り早く手にいれることのできる音のドラッグだった。本物のドラッグと相性がいいのは自然なことだった。ダウナー系にもなるマリファナよりも、アッパー系のコカインやエクスタシーがよく合う。キメると、いつまでも踊りつづけられる。アンデルセンの『赤い靴』と同じだ。自分が壊れるまで踊れるのだ。

時間は夜の八時を過ぎていた。この夜は踊ろうと思っていた。ちょうどテンペルホーフ空港の近くのイベントスペース〝コロンビア・ハレ〟で、日本人アーティスト石野卓球が招待されていた。石野は九〇年代、ベルリンの地下が震源になったテクノミュージックを極東で探求しているミュージシャンとして欧州の音楽界では名の知れた人物で、毎年一〇〇万人を超える若者たちがテクノにのせて踊る巨大ストリートイベント・ラブパレードにおいても、日本人として初めてＤＪを敢行し熱狂的に迎えられていた。ベルリンのクラブはどこも敷居が低かった。入場料が安く、余計なルールがなかった。ファッションもバラバラで、決まった踊り方もない。客が自分を好きに表現し、楽しめばいい。それを邪魔しないこと、それがルールだった。

暗いエントランスを抜けると、テクノが大音量で響いていた。奥のＤＪブースの前には、すでに人だかりができ、みなが思い思いに踊っていた。タバコの煙がいたるところから吐き出され、マリファナのにおいもただよった。金髪を短くかりあげ、つんつんに立たせた美しい青年が、黒い網上げのタンクトップを身に着け、鍛えた体をみせつけながら踊っている。ビートに合わせて点滅する蛍光ライトをあびるたびに、青年の白い体は青白く光り、水のなかで咲く花のようなひそやかなエロティシズムを発散した。長い赤い髪を左右にふるたび、水着かブラのようなコスチュームの胸元から乳房がこぼれ落ちるように踊る女は、恍惚の表情で音に入り込んでいる。

バーでビールを買った。ベックスの瓶入りだった。がぶがぶ飲むと一瓶がすぐ空になった。二瓶目を買い、また飲み出すとベースボールキャップを後ろ向きにかぶったトルコ系のヤクの売人が声をかけてきた。「楽しんでるか」

「うん、まあね」

「何でもあるよ。ハシシも葉っぱもコカインも。踊るにはいいよ」

「いらないよ、ビールが飲みたいから」

「OK、必要になったら声かけてね」

「うん」

わたしもラウンジに出て踊ってみた。テクノサウンドはひたすら空虚なのだった。絢爛たる空虚だ。面白いくらいに感情がわいてこない。メロディがないため、どこへも連れて行ってくれない。じっと同じ場所にいて、奴隷船につながれた黒人のように、その場で強烈に踊るのだ。バーに行って、今度は小さなグラスでテキーラを流しこみ、またダンスに戻った。雄たけびを上げてみた。女たちの首筋や胸元をみつめつづけた。汗をかいた。目くばせをしてくる女もいたし、男もいた。目が合うとニコッと笑いあった。それなのに、いくら体を動かしても酔いはまわらず、気持ちよくもなれず、快感に身をゆだねる男たちや女たちに同調もできず、ひらすら空虚のなかをさまよった。ますます孤独を感じた。大事な答えをもっているような気がして、さっきの売人を探した。だが、もう、どこにもいなかった。

午前○時を過ぎるころから、客はどんどん増えていった。フルボリュームの音が体にズンズン響いてくるのに、心は渇いていた。ごまかすように二度三度、ベックスとテキーラを飲みほした。足がふらついた。トイレから戻るときに、どこかの客とぶつかった。

「気をつけろ」とむこうが言った。

「おまえこそ、気をつけろよ」とカッとなってわたしも言った。

むこうがわたしをみて、あわれむ表情をした。こちらが酔いすぎていると思ったのだろうか。とたんにクールダウンした声で、「そろそろ、引きあげる時間じゃないのか」と言った。

「今、帰るところだよ」とわたしは応えた。

エントランスに向かって歩き出したとき、マイクの声が響いた。さあ、今夜はトウキョウからゲストDJを招待した！　タッキュウ・イシノの登場だ！　一瞬立ち止まった。でも、もう、孤独にはあきた。大音量からぬけだして外へ出た。

真夜中の二時すぎ。外は静かだった。しばらくバスの停留所のベンチに座って、夜風にあたった。プラッツ・デア・ルフトブリュッケ駅近くの公衆便所に入った。便所は地下にあり、コンクリートの階段がところどころ欠けていて、千鳥足には歩きづらかった。壁にはスプレーの落書きが満載だった。

いつもどおり飲みすぎていた。意識が遠のいたり、近づいたりした。酔っているわたしは、とことんネガティブな自分にあっさり乗っ取られる。ジッパーをおろして、えんえんと出した。いつまでも終わらないのだった。そこへ個室から男が出てきた。

床には注射針が散らばっていた。昼間、この近くでは注射針が麻薬中毒者に配られる。麻薬がいけないのは当然だが、注射針を共有して広がるエイズ汚染の方がよほど深刻だという配慮だった。個室から出てきた男は、皮のパンツをはき、頭をそり上げていた。一目でラリっているのがわかった。目が死んだ魚のようににごっていた。頭のところどころに切り傷ができていて血がにじんでいた。

ガタイがわたしより圧倒的にあったが、鶏がらのようにやせていた。ズボンのチャックをあけたままで、そこから力のない陰茎が垂れ下がっていた。こちらは長小便の真っ最中で、身動きが取れない。男が荒い息をしながら、わたしの背後に立ち止まった。しぶく音が止まるまで、男はじっと、しつけのいい犬のように待っていた。わたしがデニムのジッパーをあげると、男が口をひらいた。

「こんばんは。ご機嫌いかがですか?」

場違いで、とんちんかんな挨拶だった。予想に反して声がたかく、敬語なのが気味悪さを助長した。

「どうも、ありがとうございます。わたしは元気です。あなたは?」まるで語学学校で習いたてのドイツ語のように返した。

「はい、まったく問題ありません」どう考えても問題しかない男が、イチモツを出したまま言うのだった。

「何の御用ですか」とわたしはたずねた。

「はい。お願いがあります」

「はい、なんでしょうか」

「こちらにきてくださいますか」

男は個室の方へ、わたしを促した。床には男が打ったばかりと思われる注射針が転がっていて、小さなビニール袋や太いゴム、スプーンなどが散乱している。ヘロインだろう。ニンゲンをやすやすと廃人にできるやつだ。

「で、わたしにできることはございますか?」まるでホテルマンのように丁寧にたずねた。

「はい、この穴をご覧になってください」個室の壁に穴があいていて、となりの個室に通じている。

「で?」

「この穴からペニスを入れますから、あなたは、となりの個室からペニスをしゃぶってくださいますか」

「は?」

「お金は払います。今、手元には二〇マルクがございます」

「はあ?」ここまでくると漫画だった。相手はでかいとはいえ、痩せこけて死にそうな体つきだ。こっちも酔っているが、覚めつつあった。体は動くだろう。いつでも蹴りくらいは出せる。わたしの足元は編み上げのドカ靴だった。まともにまたぐらに入れれば痛いし、弁慶のなきどころをどやしつければ、きくだろうと見積もった。

ジャンキーがつづけた。「数年前に、タイのバンコクへ行きました。そこで少年を買ったのですが、その良かったことといったら、申し上げようがございません」

「ほお。バンコク、素敵なところですね」

「それ以来、アジアの若い人をみると、ひどく興奮するようになりました」

「なるほどね。それでわたしに陰茎をしゃぶってほしいというわけですね」

「そうです」

「よくわかりました。しかし二〇マルク（一二〇〇円程度）とはずいぶん安くありませんか？　娼婦だって、フレンチ（フェラチオのこと）だけでも五〇マルクはとるそうですよ。それもコンドームをつけたうえで、しゃぶってもらうわけだし」

「よくご存じですね」

「ええ、まあ、試してみようと思って、たずねたことがあるんです。二〇マルクじゃ、ちょっと受けあいかねますね。それに男をしゃぶった経験はないですし」

「じゃあ、五〇マルク（三〇〇〇円程度）でどうですか」とむこうは食い下がった。

「はあ、それならフェアトレードというわけでございますね」

このへんでベルリンのジャンキーとアジアの酔っぱらいによるかけあい漫才も切り上げどきだ、と思った。わたしはデニムのすそを引っ張り上げ、足が動きやすいように余裕をつくった。

そして言った。「ところで、バンコクでムエタイはご覧になりませんでしたか？」

「ムエタイ？」

「はい、こういうものです」

わたしは思い切り足を上げて、男の腹めがけて下からケリをくりだした。つま先がまともに下腹に入り、男がウグ、ゴフと息がつまった声をあげ、苦しそうに顔をゆがめた。

「おい、マスカキ野郎《ヴィクサー》！　いい加減にしろ。使い物にならなくしてやろうか」

前かがみになって、口を苦しそうに開いている男の腹にもう一発ケリを入れた。つま先にやわらかいものがあたった感触がした。男は耐えきれず、そのまま腹をかかえたまま膝をつき、くずおれた。

ケモノのようにうめき、便所の床の上を四つんばいになってもがくジャンキーは、もう、ニンゲンの形を失いつつあった。

男をじっとみつめた。だんだん憐れに思えてくる。これはもうひとりのオレなのだ、と思った。啓示のように、ある思いがひらめいた。「この男を殺してやったら、こいつの魂は楽になるんじゃないか。使い物にならなくなった薬漬けの肉体など捨てて、魂を解放してやったらいいんじゃないか」

それは巨大な憐れみだ、と思った。わたしがこの男の神になってやればいいのだ。西洋人は、世界の終わりには最後の審判が待っているという。キリスト教に興味を失った西洋人たちも、この一点だけは信じている者が多い。ひとは人生の所業により、審判の場でふりわけられるのだ。おまえは永遠に地獄で苦しめ、おまえは天国に行けと。ミケランジェロの《最後の審判》に描かれた筋肉男のキリストは、慈悲のかけらもなく、怒り、叫び、裁く、荒ぶる神そのものだった。それをわたしがこの男にやってやるのだ。

この男を地獄へ送るつもりはない。シャブ中は、十分この世で苦しんでいるからだ。「許してやる。黙って死ね。お花畑しかない退屈な天国で惰眠をむさぼっていればいいんだ。芥子だって腐るほど咲いているだろう。ヤクがいるなら、好きなだけやればいいんだ」

近くに飲みすてられたビール瓶が転がっていた。わたしはビール瓶をひろいあげた。わたしはベルリンの悪魔に乗っ取られたようだった。「死にたいか」

男は完全に意志をうしない、瞳孔がひらいたまま洟をたらしていた。わたしは便器でビール瓶をパシャーンと割った。体中に細かい瓶の破片が飛び散った。それを男の鼻先に突きつけてもう一度たずねた。

「おい、死にたいか」

「す、すみません、許してください。ごめんなさい。許してください」

「兄弟、親切から言ってるんだ。楽にしてあげようっていうんだ。これは親切心だ、慈悲の心だ」

「……」

「兄弟、わからないのか。死ねば楽になるだろう、え?」

「……」

尖ったビール瓶を便所の壁にたたきつけた。破片が男にふりかかり、男はひゃーといいながら、水を浴びた犬のように首をふって破片を飛ばした。わたしはすっかり酔いがさめた。引き上げることにした。公衆便所の階段をのぼった。外に出た。

地獄から生還したような気分で、呆然と十字路の信号の前に立ち尽くした。あたりには人っ子一人いなかった。パトカーがサイレンも鳴らさずに、ゆっくり近づいてきた。ドキッとした。誰かがみていて、通報したのか? 助手席の警官が窓越しに、わたしを一瞥した。またつまらなそうな顔に戻った。パトカーは右折して、遠ざかっていった。

何も起こってはいないのだ。ジャンキーがジャンキーともめたところで、世界は何も変わらない。このまま帰って眠るには後味が悪すぎた。ケバブ屋が開いていて、ビールを買った。歩きながらぐびぐびあおると、首筋にビールがつたった。むなしくなった。夜空に月をみつけた。満月だ。

「この光陰にさそわれて、月の都に入りたもう」とつぜん、そんな言葉がよみがえった。

何の引用なのかまったく思い出せなかったが、おそらく昔、古典の授業で暗記させられたものだろう。栄華をきわめた貴族が、贅をつくした邸をつくるが、死後あっけなく廃園となる。月の光は荒れはてた廃園にふりそそいだのだろう。真夜中のベルリンに月の光がふりそそぐ。便所からはいだしたジャンキーにもふりそそぐ。わたしはまだ自分の力では光りようがなかった。暗がりに身をひそめ、光を探し、光をそそがれて、まぶしく見上げることしかできなかった。

月の光はどこまでもついてくる。いつの間にか、わたしは月の都で眠っていた。

二〇〇〇年五月一七日。二〇世紀最後の初夏のことだ。ひどく暑い日だった。

ベルリンはここ数日気温があがっており、この日は三一度を記録した。ベルリンの五月の気温は、例年高くとも二〇度前後で、朝晩は羽織るものがいる。それだけに異常ともいえた。ドイツ気象局の記録によると、最低気温一五・二度、最高気温三一・五度。湿度五二%、風力三、最高風速一四m／秒、日照時間九・七時間、気圧九九九七・七ヘクトパスカル。季節を先取りした夏の太陽が町を照らしていた。モハメド・アタはベルリンにいた。一年後のテロの決行準備に向けて、ミッテ地区ノイシュテェティシエ・キルヒシュトラッセにあったアメリカ大使館（二〇〇八年、ブランデンブルク門前のパリ広場に移転）にアメリカ滞在用のビザの申請にきていた。

具体的な足どりはわからない。暑い一日をどう歩いたろうか。

当時、最寄り駅となるフリードリヒ通り駅周辺は再統一後の再開発工事が終わり、きれいな街並みになりつつあった。駅を出て、雑踏に紛れてフリードリヒ通りをウンターデンリンデン通りに向けて数分歩き、一つ目の交差点で右に曲がるとドロテーエン通りに入る。そこを直進すれば数分でアメリカ大使館のあるノイシュテェティッシェ・キルヒ通りにぶつかる。まわりには本屋、ブティック、レストラン、ホテル、オフィス、官庁、大使館が並ぶ。普段から人通りは多い。ショーウィンドウは新しく、明るい街並みを演出しているが、建ち並ぶ建物は古い石造りで、雨風にさらされて花崗岩の壁は黒ずんでいる。

アタはこの日、アメリカ大使館でビザを申請し、翌一八日、五年のツーリスト／ビジネスビザＢ１／Ｂ２を受け取っている。申請および取得に問題はなく、スムーズにことは運んだとされる。

アタのビザを審査し、許可を出したアメリカ大使館の職員は、アタに対し審査のための面談をおこなっていない。通常、少しでも不審な点があれば、尋問に近い詳細な面談がおこなわれるが、アタは長期にわたりドイツに居住しており、問題も起こしておらず、ドイツ市民と同様機械的に処理された。しかもアタがドイツの大学で「strong record（優秀な成績）」をおさめている学生であることも信頼度を高め、なんら不審な点はないと判断された。ビザはスムーズに発行された（米国同時テロ攻撃に関する国家委員会のスタッフレポートより）。

アタがビザを受け取った一八日は、気温が一気に下がった。最高気温二〇度、最低気温一四・二度。歩くには気持ちのいい日だった。大使館を出て北に向かえばシュプレー川に出る。周辺はボンから移転してきたばかりのドイツ連邦政府の官庁の真新しい建物が建ち並び、テレビ局ＡＲＤのビルもある。見晴らしのいい整然とした道がつづく。南に向かえばウンターデンリンデン通りに出る。ごった返す観光客の群れに混じってまっすぐ歩けば、ロシア大使館や最高級ホテル・アドロンを横目にして、ベルリンの顔ともいえるブランデンブルク門にぶつかる。門の西側には、ドイツの国会である帝国議会議事堂《ライヒスターク》がひかえ、あたりは現代ドイツの政治と観光の中心地になっている。新世紀を前に、欧州はユーロ通貨による決算を導入し（巷ではまだマルクを使用していたが）、ＥＵは所属国が増えて拡大の一途をたどっていた。ブランデンブルク門は、東西冷戦後の融和と発展と新しい時代の風をポジティブに象徴する明るい門構えをみせていた。

　モハメド・アタはそこを歩いただろうか。一年後の世紀の崩壊に向かって。

　わたしはアタとすれ違っていたかもしれない。わたしの日銭稼ぎは荷物運びから現地の観光ガイドに変わっていた。アタが歩いたと思われるフリードリヒ通り、ウンターデンリンデン通り、ブランデンブルク門を、くる日もくる日も、日本からきた観光客といっしょに観光バスでまわっていた。

　東欧圏の民主化から一〇年ほどがたち、共産圏時代にさびつた観光資源がつぎつぎリニューアルされていた。ベルリンは旅行者にとって東欧へ向かう際の最初の扉だった。日本人にあまりなじみのなかった東欧への旅行需要が高まっていた。ベルリンでは現地の日本語ガイドが不足し、在ドイツの日系旅行代理店がわたしをひろってくれることになった。

　アタがベルリンに滞在した二日間も、わたしはいつもの通りブランデンブルク門前のパリ広場にゲストたちといっしょに立っていた。最高級ホテル・アドロンとウンターデンリンデンの並木道をながめながら、歴史と現在と未来のベルリンをマイクで語った。そのとき、エジプト生まれの物静かな男は、秘めた雄弁な目で、すれ違う日本の旅行グループをちらとみはしなかったか。日本人ガイドがはりあげる日本語の響きを耳にしなかったか。アメリカの属国日本は敵だ、という気持ちを起こしはしなかったか。

ブランデンブルク門は、まるで歴史芝居の書き割りのように建っていた。ナポレオンも、ヒトラーも、壁崩壊直後の東ベルリン市民も、みんなここを通った。森鷗外も戦争も権力もセックス・ピストルズもマイケル・ジャクソンも、ケネディもゴルバチョフも、二〇世紀、みんなここを目指した。そして二〇世紀のデッドエンドにもがき苦しんでいたモハメド・アタもまた、新しい世紀とテロに向かって、きっとここを通過したのではないか。

わたしはわけもなく焦燥感に駆られていた。自分のやるべきことは何なのか、自分が行くべき場所はどこなのか。そしてなすすべもなく、ブランデンブルク門の前に立っていた。

アパートはノイケルン地区にあった。ベルリン南東部に位置する移民の多い地区だ。住民の二五％が外国人で、ドイツ生まれでも両親が外国人か、親のどちらかが外国人であるという背景をもった人間が四四％いる。治安の悪さ、失業率の高さ、教育環境の劣化、子どもの肥満率と虫歯率の高さなど、言葉にすれば「問題の多い地域」とされている。

朝は七時に起きてコーヒーを飲み、着替えて、七時半に家を出る。アパートの下のキオスクに寄って、文字がやたら大きくて少ない大衆紙『ＢＩＬＤ《ビルト》』と左翼新聞『ＴＡＺ《タッツ》』、それにフランス・タバコのゴロワゼの赤を買い、ホテルか空港へ向かうのが日課になっていた。

こんな朝もあった。いつものようにアパート近くのキオスクに入ると、化粧の濃いマケドニア人の売り子のおばさんが、嬉しそうに握手を求めてきた。祝杯を上げなきゃね、と言う。なぜ？　とわたしはたずねた。

「だって、あなたの同僚《コレーゲ》のフィリップ・レスラーが出世したのよ」

「フィリップ・レスラーって？」

「ほら、あのベトナム系の色男よ。今度は自由民主党《FDP》のニーダーザクセン州事務総長になったって。あなた方アジア系移民にしてみたら、希望のわいてくる話じゃないの」

「それはよかった。じゃあ将来は連邦首相《ブンデス・カンツラー》だね」わたしはよくわからないまま、適当にあわせた。

地下鉄に乗って新聞を広げた。たしかに端正なマスクの、背の高いスマートなアジア人がスーツ姿で写っていた。記事によれば、フィリップ・レスラーはわたしと同じ歳のベトナム系ドイツ人で、両親は米軍にベトナム戦争で殺された。孤児院に預けられ、そこでドイツ人夫婦にひろわれて養子になった。幼い日に西ドイツに渡り、ドイツ連邦軍の空軍パイロットだった父親のもとで、何不自由なく育った。医学を学び、そのかたわら哲学と歴史も学んでいる。

一九歳のときに、党の方針に共鳴して自由民主党《FDP》に入党。学業、兵役をつづけながら、政治活動を展開。このほどニーダーザクセン州事務局長になった。裕福なドイツの起業家をバックにしたFDPのなかで、移民系の政治家が重要な役職を担うのはめずらしく、中央政界への道もそう遠くはない、と記者は書いている。本人は「ベトナム的なのは細い目と低い鼻と黒い髪だけで、中身はドイツ人だ」と述べている。なるほど、こんな男をわたしも一緒に祝福しろ、というわけだ。

キオスクのおばさんの真意はわからないでもなかった。彼女は、毎日顔をあわせるわたしが、アジア系外国人であることはわかっている。そしてベルリンで暮らす外国人に対して、親近感をもっている。マケドニアはアジア系ではないし、ましてやベトナム人のコレーゲではないが、外国人であり移民であるわたしも、このベトナム系移民の社会的成功を我がことのように喜ぶべきだ、と考えているのだ。わたしにしてみれば、フィリップ・レスラーがドイツ社会で認められようと、どうでもいいことだ。だが、ドイツにきてもうすぐ二五年になるというマケドニアのおばさんが、慣れない外国暮らしにさんざん苦労してきて、他の移民や外国人にシンパシーを感じているのは自然な生活感情だった。彼女には子どもがいた。ドイツでドイツ市民の学校に通って育っている。その子たちが移民の子であるにもかかわらず、第二のフィリップのように人生のキャリアを積み重ね、成功していけるのであれば、すばらしいことに違いなかった。

時間は飛ぶが、フィリップ・レスラーはその後さらに出世し、FDPの党首にまでなり、FDPがキリスト教民主同盟と連立を組んで与党入りするとメルケル政権下で保健省大臣になり、さらに副首相まで務めあげ、ドイツ移民社会のスターになった。移民の社会統合の理想的な形ともてはやされた。のちに、FDPは極右政党AfDに支持基盤を崩され選挙に惨敗。責任を取る形で党首をやめ、政治から足を洗った。

新聞をとじた。フィリップには、ベトナムとドイツのアイデンティティの間におそらく葛藤はなかったと思われる。生まれたのがベトナムだっただけで、宗教的にはカトリック信者であり、身につけていったドイツ流の価値をすべて是とし、所作も考え方も才能もヨーロッパ人として一直線に、ひたすら上へ登っていけばよかった。

わたしは日本を憎んでいたし、愛していた。同時にベルリンを愛していたし、憎んでもいた。葛藤があった。日本からみずからを追放した。ベルリンの移民たちの集まる場所にもぐり込んだ。

そこには強制的に故国から追放されてきた者がいたし、自ら望んできた者がいた。ドイツ社会のマジョリティから落ちこぼれた人生の敗残兵がいたし、元気に走りまわる移民の子どもたちがいた。この世の中のしくみからはぐれた者たちが、とにかく生きやすい場所だった。大袈裟にいえば、そこには芸術や宗教や文化や思想が生まれる原初的な貧しさがあった。ありふれた治安の悪さがあり、差別があり、救いのなさがあり、マジョリティからの嫌悪感があり、そしてそこはわたしにはあたたかい場所だった。貧しいことは別に悪いことではなかった。貧しさの奥には、じつは誰も語りたがらないひそかな奥の間があり、そこには〈魂の自由〉という名のイコンがかざってある。魂はその前で自由を感じ、憩うことができる。資本、政治、富、支配、ルール、慣習、従属など魂を束縛するものから、すべて解放される理想郷が、一瞬みつけられる気になるのだ。

地下鉄を降りた。バスに乗り換え、空港へ向かった。

午後のテーゲル空港は、休暇《ウアラウプ》のシーズンを迎え、ひとびとが軽快に行きかっていた。ウアラウプのために生きている、そういってはばからないドイツ人がけっこういる。ウアラウプ帰りの女性たちは、真っ黒に日焼けした体をみせびらかし、太陽たっぷりの南国で幸せな時間を過ごしたことを自慢しあうのだった。日本人女性と逆で、ドイツ人女性が焼けた肌をみせるのは女性の社会進出の度合いとも関連がある、というひともいる。家庭に縛りつけられていた女性たちが戦後社会のなかでどんどん外で働きだし、一部金持ちのぜいたく消費だった南の島での休暇を楽しめるようになり、肌を焼けるようになった。つまり焼けた肌はステータスシンボルというわけだ。

ロンドンからの飛行機が遅れていた。わたしはモハメドとコーヒーを飲みながら、空港を行きかうひとびとを眺めていた。わたしたちが待つゲートの横ではイスタンブール行きのフライトに乗るトルコ人たちとそれを見送るひとたちが集まっていた。移民労働者たちの里帰りだろうか。見送りにきていたスカーフをかぶったトルコの女性たちが、ハンカチをもって泣いていた。声を上げている者もいた。理由はわからない。女たちの涙が、わたしの心のなかに安堵のようなものを流し込んでくるのが不思議だった。漫画やドラマにではなく、生きている生身のひとのために涙するひとの姿がうれしかった。そんな情の深いひとたちがこの世にはまだいるのだ。

世界に流されるメディア情報のなかで、いつもムスリムの女たちは泣き叫んでいる。スカーフをかぶり、暴動や戦争や空爆で殺された、夫や子どもや家族や友人のことを思って大声をあげて泣いていた。レバノン、エジプト、イラク、アフガン、サラエボ、パレスチナ、シリア。それは哀しみの表出だけでなく、男たちのもつ銃とカネを、血の涙でとかしてやろうとする呪詛のようにもみえる。時代のために泣く、無名の泣き女たちのようにもみえる。

わたしのもの思いを破るように、モハメドが言った。

「世界はどこでも同じだと思わないか。こうして安穏と生きていられるひとたちの生活は、その下で苦しみもがく大勢のひとたちの犠牲があったうえでの話だ。一部のひとたちが不法に富んでいく」

「だから政治があるんじゃないのか」平和な国の出身のわたしは言う。ドイツにきてから、わたしは馬鹿正直に自分の考えていることを口にするようになった。ドイツでは、たとえ知識の足らない浅はかな意見であっても言わないよりはマシという空気がある。意見を言わない者は、Kritiklose《クリティークローゼ》といわれる。クリティーク（批判や批評）がない者を意味するが、はっきりいえば、相手のいいなりになる人間のことであり、要は「おまえはバカか」ということだ。わかっていなかろうと、わかっていないなりに自分の思いを口にすることが大事なのだ。そこで批判を受ければ、なるほど、そうか、と気づけばいい。言葉と言葉のやりとりに、日本人ほどの全体重の乗せ方をしないために、ドイツでの激しい議論は、人格否定のしあいにはならない。

「きみは本気で政治なんて信じているのか?」とモハメドが聞いた。

「ドイツでは市民が政治を動かそうとしている。デモもよくやる。全部とはいわないけど、自分たちの手中に政治がある、という実感をもって生きているようにみえる」

「その考えはあまりにナイーブだ」モハメドの判定に軽蔑がにおった。そしてつづけた。「政治なんて誰がやったって同じだ。右がやろうが、左がやろうがね。ナショナリストがやろうが、社会主義者がやろうが。着ている服の色が変わる程度の話で本質が変わるわけじゃない。政治を動かしているのは資本さ。金さ。金をもっているひとたちさ。権力者たちは政治の力で権力を握れるわけじゃない。資金援助を受けて政治の表舞台に出てくるだけだ。ということは、金を出してくれるひとたちのために働くってことになる。アメリカ大統領だって同じさ。イスラエルだって同じだ。イスラエルやアメリカを後ろで支配しているのは誰だ?」

「誰?」

「ユダヤ人さ」

モハメドは吐き捨てるように言った。

ベルリンにきてから、この言葉をいつも耳にする。良心的ドイツ人はナチの負い目からユダヤ人をけなすことはない。しかし中東系のひとびとの口からはすぐにユダヤ人が出てくる。ユダヤ人とは、世界の金融、石油産業、あらゆる経済活動、文化芸術、メディア、芸能を牛耳っており、ムスリムを敵として滅ぼそうとしているひとびとということになる。

わたしには実感がわかない。モハメドは実感を込める。まるでユダヤ人から鼻先に銃口を突きつけられているかのように、切実に言う。

「パレスチナはその一つにすぎないんだ。世界の支配構造と日常生活は直結している。誰もそれに気がつかない。ぼくらは毎日奴隷として使われているのに」

「……」

「きみは、世界を変えるということを考えたことがあるか」

世界を変える、か。ハリウッド映画か、アニメの世界か、歌のリリックでなら、いくらでもありそうな言葉だ。だがモハメドのセリフには、もっとリアルで、もっと日常的で、もっと根源的なひびきがあった。

「そんなこと、できるわけないだろう。相手を変えるのは難しいよ。自分が変わるしかないんじゃないか」

こちらはそんなありふれたことしか絞り出せない。自分の言葉の無力さを感じた。

「やっぱりきみは日本人だよ。平和な国のひとだ。ひとは本来地獄から脱出するために闘ったり、デモしたり、表現しなければいけないんだ。だけど大半のひとは好んで支配されたがる。奴隷になりたがるのさ。奴隷に慣れてくると、自分が奴隷であったことも忘れてしまう。そしてちょっとでもその群れから外れそうになると、落ちこぼれ扱いされるんだ。単に奴隷をやめようとしているだけなのに。支配者は巧妙だ。あとは奴隷同士を戦わせ、高みの見物で楽しめばいい。その戦いから金ならいくらでも入ってくる。それが投資家さ。奴隷のガス抜きに支配者たちは途切れることなく娯楽を用意している。メディアとハリウッドが娯楽を二四時間提供し、奴隷は笑って涙を流し、また奴隷労働にもどる」

「じゃあ、どうすればいいんだ」

「目を覚ますことだ。世界を変えるんだ」モハメドは、胸ポケットからノキアのケータイを取りだしてつづけた。「これが爆弾だと想像してみよう。ぼくたちは簡単にもぐりこめるよね。目の前の飛行機にだ。そしてボタンを押す。ひょっとすると世界は変わるかもしれない。第一次世界大戦が、たった数発の銃声ではじまったように」

彼はそう言うと、わたしの顔をみた。彼の顔はとがって血の気を失っていた。

「そのジョークは笑えないな」わたしは言った。

「ロンドン便が着陸したぞ」と遠くからクラースの声が聞こえた。

わたしは冷たくなった紙コップのコーヒーをずずっと飲みほした。わたしたちは立ち上がった。モハメドはセキュリティチェックを受けて、ゲートのなかへ吸い込まれていった。わたしは飛行機が到着したことをバスのドライバーに伝えに向かった。歩きながら考えた。

女のいないやつは、ろくなことを考えない。自殺の仕方だとか、テロだとか、政治だとかそんなものに夢中になる。ありきたりの議論をえんえんつづけ、挙げ句の果てに、いい女をつかまえる時間をドブに捨てる。ますます意固地になって、オレに女はいらない、なんてうそぶいたりする。

わたしは胸のなかでモハメドに言った。

「いったんパレスチナのことは忘れて、自分の幸福を考えたらどうか。彼女でも作ればいいんじゃないのか。そうしたら世界は変わるんじゃないか」

パレスチナの地獄から脱出してベルリンにきた男が、恋をして、とことん誰かを好きになり、その女を幸せにすることを考える。もしかするとその女が、自分がつくる一人目の家族になるかもしれない。その家族と一緒に新しい家庭をつくることが、もしかすると新しいもっとも小さな独立国家をつくることになり、世界を変えることにつながるかもしれない。パレスチナの外へ散った者たちが、別の場所で新しい大黒柱になり、新しい世界をつくることに貢献すればいい。

平和な国からやってきた日本の旅行者たちは、長時間のフライトで疲れてはいたが、いい人相をしていた。戦場から逃げてきた顔はしていなかった。目の前でひとがばたばた死んでいく姿をみた顔はしていなかった。日本に砲弾は飛んでこない。とつぜん家に秘密警察が家宅捜索に入って連行されたりはしない。毒ガスもまかれない。

日本人の旅行グループは通常午前中をベルリン観光にあて、ベルリン郊外の湖のほとりで昼食をとり、食後にポツダムを回ってホテルへ戻る。その足でわたしはまたテーゲル空港に戻り、いつもの位置に陣どるのが日課だった。空港構内の建物のガラスの壁に設置されたベンチが定位置だった。そこに座り、ガラスの壁によりかかると、歩きまわった一日の疲れがどっと出て、ついうつむいて寝入る。フライトがついても目が覚めないと、ポーターの誰かがみつけて起こしてくれるから安心だった。その日もわたしはすとんと眠りに落ちた。

一瞬みた夢は、シュールだった。わたしはバスのなかでマイクを握り、いつものようにガイドをしていた。車窓の外は瓦礫と燃えさかる建物がつづき、黒こげの焼死体がいたるところに転がっていた。その様子を淡々とわたしが実況している。場所がどこなのかわからない。

「皆さま、右をご覧ください。こちらは昨夜未明にアメリカ軍の空爆によって取り壊された病院の建物です。犠牲者は医療従事者が○名、入院患者が○○名で、けが人は○○人となっております。町を見渡せるこの先の高台でバスを停めて、フォトストップとトイレ休憩をかねて二○分ほどお時間を取ります。高台に立ちますと、遠くにみえる塔は破壊されて半分になっていますが、一○○○年前にこの国が戦争に勝った際に作られた戦勝記念塔です。それから一○○○年後、アメリカ軍に破壊されました。ただいま到着いたしました。お荷物はバスのなかに置いておいて結構ですので、カメラと貴重品だけ身に着けて、降りられますようお願いします」

バスが停まると、ゲストたちがいっせいに降りていき、高台からカメラを向けて写真を撮りはじめるのだった。ひとの気配がして、はっと目が覚めた。目の前にモハメドが立っていた。彼が夢の風景からあらわれてきたように錯覚した。

軽い笑みを浮かべてモハメドが言った。

「J、お疲れのようだね。フライトはいつものように、一時間のディレイだ。まだもう少し休んでいても大丈夫だ」

「きみか、モハメド。ポツダムのサンスーシー宮殿でずっと太陽にあたっていたから、海で遊んだ帰りみたいに眠くなってさ。コーヒーを買ってくるけど、きみも飲まないか。おごるよ」

「それはありがたい」

わたしは立ち上がって腕を伸ばし、首をまわした。空港の蛍光灯がまぶしかった。パン屋に行き、二つコーヒーを受け取った。店先に並ぶ菓子パンがうまそうだった。チョコチップを入れて焼いた、少女のおさげのようなパンがあった。それを二つ買った。

モハメドに差し出すと、子どものように喜んだ。

「ワーオ！　ありがとう。これはうれしいな。ちょうど腹がすいていたんだ」モハメドがガブリと噛みつき、パンくずが服に落ちた。そんなことお構いなしに、二口目も大きくかぶりついた。「うまい」とでも言ったのか、アラブ語の小さなつぶやきが口からもれたが、理解できなかった。一息つくとモハメドが言った。「家族は元気か？　ママはひとりで大丈夫か？」

彼の挨拶にはいつも家族の安否確認がつきものだった。

「ありがとう。父親の死から一年半ほどが過ぎて、気持ちはまだ沈んでるみたいだけど、少し体調がよくなってきたって」

「家族の死を受け入れるのは簡単じゃない」モハメドが厳しい表情になって言った。

「最近、母が花を育て出したっていうんだ」わたしは明るい話題を出した。

「花を？」

「うん、父の看病でずっとやめていたようなんだけど、ふと思いついて、花を植えようって気になったっていうんだ。母は育てるのがうまくてさ、ぼくが一緒に住んでいたころは、家の小さなベランダで花を咲かせていたんだ」

モハメドの表情が明るくなった。「きっと心のなかに、光がさしはじめたんだね」

その通りだと思った。わたしは黙ってうなずいた。

「パレスチナにも花はたくさん咲くんだ。祖父はもともと百姓で、土地には花畑が広がっていた。パレスチナの花は球根もふくめて、ヨーロッパに輸出されるほど有名だった」

「パレスチナに花?」

意外だった。わたしには瓦礫と有刺鉄線と機関銃と投石のイメージしかなかったからだ。

「そうさ。花だけじゃない。イチゴもバナナもブドウもざくろもメロンもたくさんなるし、オリーブだって有名だ。それをみんな、イスラエルの戦車がつぶしていった」

「なぜ畑をつぶす?」戦車がねらうのは、工場や軍の施設ではないのか。

「抵抗するパレスチナ人たちが果樹園からミサイルを撃ち込むとか、耕作地にミサイルを隠すからっていう理由だ。彼らはブドウの果樹のツルもすべて切り裂いて、そこに火を放つ」

「火を……」

「ブドウ畑は消えて、残されたのは憎しみだけだ。オリーブの木もやられた。地元にある樹齢数百年というオリーブの木から、ぼくらはずっと実をとり、油をしぼってきた。祖父の祖父や祖母の祖母たちより、ずっと昔からあるオリーブの木をイスラエルの戦車がつぶしたんだ」

「……」

「死んだ木は根っこをさらしていて、まるで巨人の遺体のようだった」

根絶やし、という言葉が浮かんだ。単なる破壊ではない。ずっと営々とつづいてきた血や記憶を、根こそぎ消そうとする衝動のようなものを感じた。命を失って、大気にふれたオリーブの古木の根っこはきっと、人間の遺体が腐っていくよりも強烈でやるせない異臭を世界に放ったのではないか。数百年の命が朽ちるのだ。憎悪の深さは想像を絶する。

「いつまでそんなことがつづくんだろう?」わたしは答えようもないことを聞いた。

「きみはニュートン力学を知っているか?」とモハメドが聞き返した。

「自然科学はまったくダメだな。なぜ?」

「ニュートン力学に第三法則というのがある。これは作用・反作用の法則とも呼ばれていて、簡単にいうと、二つの物質のAとBがお互いに力をおよぼし合うとき、それらの力は向きが反対で大きさは等しいというものだ。要は自分がやったことは自分に返ってくるということさ」

「やったら、やりかえすということ?」

「その通りだ。それが理《ロージッシュ》に適うというものだからね。神《アラー》が世界に与えたことわり《ロギーク》に反することは、ただされなければならない」モハメドはきっぱり言った。

「それって……」自然界の法則に名を借りた、復讐の論理じゃないのか。

当事者ではないわたしに、そんなものいいはできなかった。だがその論理にしたがえば、紛争も戦争も殺しあいも終わりがないことになる。確かに歴史は何千年とずっとそんなことをつづけ、そのたびに怒り、嘆き、失い、いやになり、一時は平和を目指すが、すぐに飽きて、また怒りに火をつける。オリーブの木は憎悪で燃えつづける。火はメディアにあおられ、飛び火し、ますます燃え広がる。

たった一本の木を燃やす火が、ひとびとの心まで焦がしていく。

ゲート前のインフォ窓口に、あくびをかみ殺して座っていた顔見知りのセキュリティが、「ああ、やっと着いた」とひとりごとを言った。掲示板をみると、飛行機が無事着陸したことを告げていた。

わたしたちは立ち上がった。モハメドは台車の準備をしながら語るのをやめようとしなかった。

「いとこはいまドイツの公立中高《ギムナジウム》に通っている。ドイツ語はうまくなった。パレスチナにいたころより生き生きしているようにみえる。だけど、学校ではつねに浮くんだ。彼女はムスリムとして髪を隠すためのスカーフをかぶっている。フランスじゃ学校にスカーフをかぶってくることを禁止した。学校に宗教をもち込むなって理由だ。かぶるのはあいつなりのやり方だ。親もかぶれとも、かぶるなともいわない。あいつは自分の意志でかぶっているが、ドイツでは、それを宗教による強制だとか、女性の権利の制限として否定されるんだ。そこで、彼女は引き裂かれるんだ。

でもこっちの流儀に合わせようとすればするほど、その流儀に違和感を覚えれば覚えるほど、自分がいったい誰なのか、混乱してくる。否定されると、それに反発を覚える。そこでゆり戻しが起こる。自分の根っこに戻ろうとする。いとこが熱心にコーランを読み出したのは、ベルリンにきてからのことだ。そして少しでもコーランに即した生き方をしよう、なんていい出す。パレスチナのうちの家族は、まったく厳格じゃなかった。親父なんてビールを飲むことくらいは普通だった」

執拗に語ろうとしているのが伝わってくる。

「OK、モハメド。わかった。またこのつづきはゆっくりやろう。ゲストがバゲージクレームにもうつく」

「自分が異邦人だ、と感じれば感じるほど、回帰願望が強くなる。そして元いた場所のやり方を、当時はどうでもいいと思っていたことまで、受けつごうと試みる。ぼくたちのまわりの移民連中が原理化していくのは自然なことなんだ」そう言いながら、モハメドは台車と一緒にセキュリティ入り口からゲートのなかへ入っていった。

わたしは、気持ちを切り替えようと、もう一度ファイルに目を通し、グループの明日のスケジュールに目をさらした。だが、移民たちの生きていく風景が頭にチラついた。

ゲートの自動扉が開くと、モハメドがスーツケースを満載した台車を押して出てきた。そのあとに、若い日本の女性添乗員とゲストたちがつづいた。モハメドはしつこかった。わたしを認めると、セリフのつづきを最後まで言いきっていない、最後まで聞いてくれ、という顔で言った。

「ぼくたちにとってドイツは決して自由な場所じゃない。じゃあ、ふるさとはどうだ？　きみも知っての通り、砲弾と機関銃と戦車に囲まれた場所だ。もう、どこへもいけないんだ。だったら、この世界を変えるしかないだろう。わかるか？」

わたしは機械的に何度も相槌を打った。そうしないと、いつまでたってもモハメドは動かないと思ったからだ。わたしはやっと解放された。ゲストに向きなおり、日本語で大声を張り上げた。

「皆さま、ようこそベルリンにいらっしゃいました。これからホテルまでバスでご案内いたしますが、ここテーゲル空港より皆さまのお泊りになりますホテルまでは、約三〇分ほどでまいります。これから一五分ほどお手洗い、おタバコ、ミネラルウォーターの購入などの時間をとりたいと思います。今から一五分後に、ここに再集合してください。その後、バスまでご案内いたします。お手洗いをご使用になられる方は、あちらの角にございます。おタバコをお吸いなられる方は、そこの出口からいったん外に出られますとすぐ右に灰皿がございますので、そちらをお使いください。ミネラルウォーターはここをまっすぐ行った右側にキオスクがございますので、そちらでお買い求めください。それではいったん解散いたします」わたしの国の善良そうなひとびとが、楽しそうに散っていった。

世界は変えることができる。いや、世界を変えるなんて、虐げられた者が夢みる幻にすぎない。わたしはその二つの言葉を行ったりきたりしていた。

ゲストがもどると、バスへ案内した。駐車場につくと、ドライバーとモハメドが、バスのトランクケースのなかへ詰め込んでいる最中だった。わたしも加勢した。詰めおわり添乗員が数を確認すると、ドライバーがばたんとふたを閉めた。わたしはバスに乗り込む前に、モハメドとかたく握手した。

「ありがとう、モハメド。また次回話そう」

「神がそう望む《インシャアッラー》なら。コーヒーとパン、ありがとう。気をつけて」

手をあげて別れの挨拶をする彼の顔は青ざめていた。目には人間への信頼のようなものが、ほんの少しだけのぞいていた。

五日後のことだ。九・一一アメリカ同時多発テロ事件が発生した。

アパートのテレビに釘づけになった。ニューヨークが燃えていた。空に黒煙が立ち上った。ライブ中継のなかで、ワールド・トレードセンターがゆったり崩れていった。一万人以上の死者が出る模様とアナウンサーが繰り返していた。時間の経過とともにモハメド・アタらハンブルク・ハールブルク工科大のアラブ系留学生たちが実行犯であることが取りざたされはじめた。空からひとがふってい た。灰をかぶった消防士たちは、酸鼻を極める現場で吐き気と窒息に苦しんでいた。

その日のテレビには、まるでワザとのように、グロテスクな画面がうつしだされていた。崩れゆくワールド・トレードセンターとライトアップされた美しいトレードセンターだ。アメリカのドラマ『セックス&ザ・シティ』に出てくる男女が船の上でカクテルを飲みながら、恋の駆け引きをやっている。その背景にはワールド・トレードセンターがひときわ印象的に光っていた。世界の富を独占するニューヨーク・マンハッタンのおしゃれな男女たちはジョギングで汗を流し、ジムで体を鍛え、健康で歯並びのいい顔でにっこり笑い、気持ちのいいセックスについて語りあっていた。世界中の女たちがあこがれ、主人公たちの言動があれこれおしゃべりのテーマになっていた。

一方、現実世界のアフガニスタンの戦闘訓練所では、同世代のアラブの男たちがほこりの大地を匍匐前進し、テロの決行にむけて汗水を流していた。両者の間に横たわる距離は何なのか。まるで別の星の話と思われるくらい距離が開いているのに、九月一一日、対極にあるはずのふたつの意識がテレビのなかで同じ場所につどい、そして破滅していった。

ドラマのなかで女が言った。「永遠なんてないってひとはいう。夢は変わるし、トレンドだって変わる。でも、友情だけはいつまでも変わらない」

遺書のなかでモハメド・アタは書いた。「私はマホメットが神の使いであることを疑わない。神がひとびとを墓場からよみがえらせる日がくることを信じて疑わない」（一九九六年一一月四日）

ドラマの女も現実のテロリストも、呼び方は違っていたが、永遠を夢みていた。それをかたや友情と呼び、かたや神と呼んだ。

　この日を境に、なぜかベルリンのモハメドは空港に二度とあらわれなかった。もちろんモハメドとアメリカのテロになんら関係はない。テロ犯モハメド・アタとポーターのモハメドは単にファーストネームが同じというだけだ。ただ、わたしはポーターのモハメドと話がしたかった。この事件をどう受け止めているのか。たとえ彼が爆弾テロをにおわすセリフを吐いていたとしても、同じことをするとは思えなかった。ベルリン工科大学でも、行方をさがしてみたが会えなかった。偶然、モハメドに誘われた集会で話をしていた学生にキャンパスで会った。

「モハメドがどこにいるか知ってる?」とわたしはたずねた。

「ドイツを出たっていう話だ」

「まさか。ドイツを出ただって? パレスチナに戻ったってこと?」

「わからないけど、行き先はそれしかないんじゃないか」

「なぜ……」

　わたしは言葉を失った。

　九・一一テロ事件の年、イスラエルでは軍人出身のアリエル・シャロンが首相になっていた。イスラエル史上もっともパレスチナに強硬姿勢を貫くタカ派政治家とされ、パレスチナの抵抗運動者への弾圧・暗殺はとどまることを知らず、虐殺者と呼ばれていた。昨年の二〇〇〇年からパレスチナ市民による民衆蜂起《インティファーダ》が盛り上がりをみせ、九・一一テロ前後も激化していた。

　そんな場所に帰ったというのか。

テロから一ヵ月ほどたった秋の日、テーゲル空港のキオスクの書籍コーナーでわたしは新聞を立ち読みしていた。南ドイツ新聞の国際欄が、パレスチナ人によるバス自爆テロを報じていた。報道によると、二〇〇一年一〇月二九日、イスラエル北部の地中海に面した町ハデラの近くにあるイスラエル軍の訓練施設前を通る際、路線バスのなかで、パレスチナ人が自爆した。バスはナザレとテル・アビブを結ぶ市民用の路線バス。犯人の他に三人の死者と少なくとも九名の重傷者が出た。犠牲者は二二歳と二八歳で、三人目の年齢は不明。バスのドライバーによると、犯人は洗練《エレガント》された服装をしており、まったく目立つ様子はなかったという。とっさに、モハメドのことが頭に浮かんだ。彼は元気にしているのだろうか。危ない目にあっていないか。自爆テロ犯は、何歳の、どんな男だったのだろう。犠牲者と同様、二十代だったのだろうか。

もう一つ気になったのはナザレという地名だった。ナザレといえば、あのイエス・キリストが生まれたところだ。世界で二二億人の信仰者をかかえるキリスト教の開祖だ。ナザレのイエスも世界を変えようとした。汝の敵を愛せよ。このセリフはあまりにも有名だ。今こそ、イエスはこのパレスチナの土地に、もう一度戻ってきたらいいのに、とわたしは考えた。

物静かな顔をしたイエス・キリストが、病院に入院する母親マリアの見舞いにでも行くような風情で、ナザレからテル・アビブ行きの路線バスに乗りこんでくる。満員のバスのなか、誰も彼がイエスだとは気がつかない。爆弾を隠し持ち、汗をびっしょりかいてふるえているエレガントな若者の肩を優しく抱いて、「大丈夫か」と声をかける。

「何も恐れることはない。わたしはナザレのイエスだ。モーゼやダビデの子孫であり、預言者モハメットの兄弟だ。わたしを信用してほしい。ここで自爆したところで、誰も救われる者はいない。きみも、バスで死んでいく者も。いっしょにバスを降りて、一服しないか」

もっとも、世界を変えようとしたイエス・キリストの出現で、世界が本当によくなったかどうかは、彼の生誕から二〇〇〇年以上たった今では疑問符がつく。もちろんそれは彼本人の問題ではなく、彼を利用しすぎた人間たちのせいでだ。

新聞をとじて、平積みの山に戻した。わたしにできることは何もなかった。モハメド・アタのように命をかける対象《「神」》もなければ、パレスチナのモハメドのように身を捨てるほどの祖国もなかった。ベルリンの片隅で飯を食い、酒を飲み、日銭を稼ぎ、ただ眠っていた。

驚くことが起こった。わたしのメールアドレス宛に、モハメド・アタのメールアドレスが送られてきたのだ。

el-amir@tu-harburg.de

うなされた夢の話ではなく、現実の話だ。ちょうどテロの起きた一週間後のことだった。エル・アミールというのは、アタがハンブルク・ハールブルク工科大の学生名簿に使っていた苗字だ。アラブ系学生の名前は複雑でやたらと長く、ドイツでの事務手続きの際には一部を選択して使うケースが多い。ちなみに彼の正式のフルネームは「モハメド・モハメド・エルアミール・アワド・エルサイド・アタ」である。アタのメルアドを仲間のドイツ人学生が軽いノリで送ってきた。「これ、例のモハメド・アタのメルアド。やばくない?」たしかにやばかった。だが本物なのか疑った。

すぐにそれが本物であることが判明した。テロ事件の三日後、二〇〇一年九月一四日づけのベルリンの日刊紙『デア・ターゲスシュピーゲル』に、容疑者としてアタのことが報じられた際、アタが使っていたメールアドレスも記事のなかで公表されていたのだ。アタは、テロ実行の二年前にあたる一九九九年一月に大学内の学生自治会AStA《アスタ》のもとを訪ね、イスラム学生のための祈祷室をキャンパス内につくることを要求した。自治会はそれを受け入れた。キャンパスの北側のひっそりとした一角に、通称〝バラック〟と呼ばれるレンガ壁の平屋一階建ての建物があり、そのなかの一〇畳ほどの小さな部屋を使うことになった。ここに、三〇～六〇人前後の学生が出入りしていたという。アタはそこを拠点にして大学内にイスラム研究グループ《イスラーミッシュ・アルバイツグルッペ》を設立。そこの責任者兼受付担当者として、自らのメールアドレスを窓口にした。つまりアタのメールアドレスは公的なものだったのだ。事件後、メディアを通じて拡散し、わたしの手元にやってきた。

今は死者となったアタのメールアドレスがネット上に無意味に生きていた。拡散したところで、誰が何の目的で使うというのか。いまさらテロの関係者が、捜査当局が知っているこのアドレスにメールを送ってくることはありえない。

わたしはパソコンでOutlookを立ち上げ、宛先にモハメド・アタのアドレスを入力した。空白の文書欄が白々と光っていた。何か書いてみる誘惑にかられた。テロリスト モハメド・アタに何を書けばいいのか。しかも日本語で。

モハメド・アタ様

教えてほしい。君は最後に何をみたのか。

君が操縦する旅客機が、ビルに激突して爆発する直前、君は生きてきたすべての軌跡と君の魂が帰っていくべき場所を、本当にみることができたのか。

意図しない突然の死を迎えて、肉体をぬぎさった数千もの魂たちが、呆然とニューヨークの空を染め上げる黒煙のなか、右往左往しているのを君はどう思いながら眺めていたのか。

君とビルのなかで死んでいったひとびとの魂の色に、違いはあっただろうか。

魂に、宗教の違いはあっただろうか。君の敵たるキリスト教徒や帝国主義的支配者たちの魂は、それとはっきり見分けがついただろうか。

エジプト・カイロに生れ落ちてから、生真面目といえるほど勉強に精を出し、ドイツに留学してからもほぼ完ぺきなドイツ語を使いこなし、大学では立派なドイツ語でしっかりレポートを書きあげ、指導教官のディトマー・マフーレ教授が絶賛するだけの眼力と分析力と実力をもっていた君は、本来、自分の人生の操縦桿をしっかり握って飛行していたはずだった。風が強い日もあっただろうし、土砂降りのなかをつき進まなければならない日もあっただろう。

ある日、君は自分の操縦桿を、完全に自分以外の者にあずけた。それを君は「神」や「信仰」にゆだねた、と表現するかもしれない。それによって、自分のなかにかたくななまでに存在しつづける不満と不安を帳消しにでき、死後には永遠の平和と安楽が約束されている、と信じたのかもしれない。

ぼくも人生に対していつも不満があり、不安がある。それに押しつぶされそうだ。どんなものをもってしても満たされることがない。何をやってもうまくいかない。いつも何かが、ぼくの行く手を阻もうとする。

不安と不満はいつもぼくの心を食いつぶし、心のなかに大きな穴をあける。この空虚が本当に苦しい。稼ぎや遊びといった日常生活の多忙にその空虚を紛らわせていても、そこから離れて孤独になったとたん背中に悪寒が走り、呼吸が苦しくなってくる。その息苦しさから逃れる手段が欲しくなる。何がぼくを苦しめているのかわからないから、ますます生きづらい。今のところ酒で意識をなくすくらいしか方法がない。

君はいうだろう。敵ははっきりしている、と。かつてイスラムの国々を植民地支配し、君が依って立つ基盤であるイスラム文明を破壊して、君たちの暮らしを支配している英米的帝国主義者たちだ、と。そして君は、その敵に一直線に向かっていった。

君は間違いなく魂の最前線に立っていると思った。そして同時に君の敵はそこにはいないと思った。君の敵はむしろ君の味方のなかにいたんじゃないのか。優秀な者はいつも支配者から利用されるのがこの世の常だ。君はうまく使われた。

味方はいっただろう。

「君を苦しめている正体はこれだ。これを倒せば、君も、友達も、家族も、地域も、国も、世界も、みな救われるのだ。それが成功した暁には、君の命は永遠に天国で憩うことができる」

君の信じているものを侮辱する気はない。敵は味方で味方は敵だったということもある。敵を愛せよ、というのは無理だ。だけど味方だから愛することも危ない。

君が世界を変えようとしたように、ぼくも自分なりに理想的な世界を想像してみた。それは敵と味方のいない世界だ。憎しみ《ヘイト》のない世界をイマジンするということだ。

モハメド・アタ君。

ぼくは、君という存在を知って、あらゆるヘイトのはじまりは自分へのヘイトではないか、と思うようになった。自分が自分をヘイトする。自分が自分を認めることができない。その状態に耐えきれず、ひとは外にヘイトの対象をさがしだす。ヘイトをあおる者たち（権力者、宗教、教育、メディア）は、ヘイトの対象を特定してみせ、これが敵だ、憎め、とあおる。だから自分へのヘイトから解放された多くの者は喜んで敵へ向かう。

きっとどこでも同じことだ。しかし、そのヘイト行為は相手を殺すことでは残念ながら決着しない。最後に自分が殺されることでケリがつくのだ。日本はそれを戦争という行為で経験した。二三〇万人の軍人が死んだ。そのほとんどがアタ君、君や僕と同じ、若者だった。

結局、あらゆるヘイトは自傷行為なのだ。

皮肉なことに、もっとも皮肉なことに、君は、それを身をもって証明してしまったのだ。君のハイジャック自爆テロ行為とは、自分へのヘイトを突きつめた果てにやらざるをえなくなったことだったのだ。

君の胸に去来した苦しみの一端を、ぼくも間違いなく共有していると思うのだ。それをどう解決していくかは、これからのぼくの課題だ。でも、自殺やテロという形を、ぼくは金輪際とらないと思う。

同世代のひとりとして、これから生きていく人間として、君を忘れない。

ある日本人より

虚空に向かって吠えるような気持ちで、こんなメールを書いた。一度だけ読み返して誤字脱字を直すと送信した。

二一世紀はこうしてはじまった。戦争で経済をまわしているアメリカは、今日もどこかで戦争中だ。難民は増えつづけ、流浪する。迷える民の受け入れ先の国々はみな不機嫌をかこち、総じて自分たちの暮らしもままならないのに、ひとの尻をふいている余裕はなく、愛国を自負するひとびとがヘイトをまき散らし、サイレントマジョリティが無言でそれに賛成する。多かれ少なかれこんな状況がグローバルに展開されている。グローバル経済の展開と、グローバル難民の拡散は軌を一にしている。ウィンウィンの関係が成り立つのは、ロストロストするひとびとが大量にいるからこそだ。

今この世界でともに生きている人間たちがほぼ消え失せる二二世紀に入るころ、二一世紀は「テロとヘイトの世紀」だったとひとは振り返るのだろうか。そのころにはテロもヘイトもない世界で、われわれの子孫たちが幸せに暮らし、恋人や友達たちと二一世紀を舞台にしたハリウッド映画をみて「二一世紀の人間たちって、信じられないほど野蛮だったんだね」と笑っているのだろうか。それとも事態は悪化して「戦争とAI万能と人間不要の二二世紀」を迎えているのだろうか。

二〇〇三年、ベルリンでの日々が六年を過ぎたころ、わたしはまたビザ延長のためにベルリン州外国人局に出頭した。

冬の朝、五時前に家を出ると、外はまだ真っ暗だった。オレンジ色の街灯の光のなかを粉雪が舞っていた。外国人局の門が開くのが七時。開館一時間半前の五時半には鉄格子つきの門の前に立った。

この日の先客はまだ一五人ほどで少ない方だ。六時半になると長蛇の列ができ、門が開きなかに入っても建物に入るまでに二時間待ち、建物に入ってから担当者に会うまでさらに三時間待ちと、永遠の待ち時間に耐えなければならない。防寒対策が必須だ。

鉄格子の門の壁には銀の看板がかかっていて、黒文字でこうある。

「外国人局・ベルリン州難民申請センター」

その名の通り、ベルリン州内に暮らしている外国人を一括して管理している役所で、滞在許可書の申請手続き、延長手続き、庇護権申請者への庇護権を承認するなどの業務をおこなっている。蔑称「カナッケ（土人）・オフィス」という。

ドイツ国内には、約七三三万人の外国人が住んでいる。前提にはドイツの外国人への寛容な政策がある。それはナチス時代における排外主義や政治的迫害への反省に基づく。

西ドイツ時代から再統一後のドイツの移民・難民の流入の歴史を簡単におさらいすると、三つの大きな波がある。最初の波は、戦後の経済復興期の労働力不足を補うために、六〇年代に入って西ドイツ政府がトルコやイタリアと雇用双務協定を結び、大量に外国人労働者を入れたことだった。その結果一九五〇年には約五〇万人だった定住外国人が一気に三〇〇万人に増えた。一九七三年のオイルショックを受けて西ドイツ政府は国内の労働市場を守るために外国からの労働者受け入れをストップし、帰国推進をはかるが、トルコ人移民を中心に、すでに定住している者は家族を祖国から呼び寄せたり、ドイツで家族が増えたりしていて、八〇年代にはさらに増加していく。

第二の波は、冷戦末期から九〇年代初頭にかけてで、旧ソビエト連邦の崩壊やバルカン半島における民族紛争により、東欧圏や旧ユーゴスラビアからどっと難民が入ってきた。ベルリンのカナッケ・オフィスでは、殺しあったクロアチア人とセルビア人の担当部署が同じで、狭い待合室の硬いベンチにかつての敵同士が肩を寄せあって座っている様をみて、複雑な思いにとらわれたものだ。

第三の波は二〇〇〇年に入って欧州統合の波に乗って、東欧と南欧など欧州域内でも経済的にキツい場所からの流入で、今（二〇〇三年）がまさにそれに当たっていた。一九九二年のマーストリヒト条約により、ＥＵ市民は自国と同じ待遇で域内の別の国で働くことができる権利をもつことになっていた。

それに加えて、また新たな理由をおびた難民が増えだしていた。

待合室でわたしの隣に座っているのは、中近東からきている四人家族だった。若い母親はスカーフを頭にかぶり、赤ん坊を抱いていた。口髭をたくわえた男が父親だろう。黙りこんだ八歳くらいの少年が父親の膝に手を置いて不安そうな表情を浮かべていた。小さくつぶやきあうような会話は、アラブ語だった。

わたしは父親と目があったので、ドイツ語でおはようございます《グーテンモルゲン》と声をかけてみた。痛みを我慢するような笑顔をうかべ、男はつたないドイツ語で「イラクからきた。ドイツ語、できない」と言った。誰かから声をかけられたときのために、何度も練習した言葉だったのだろうか。それだけ言うと、彼はまた黙りこんだ。イラクか、とわたしは思った。

モハメド・アタたちの九・一一テロ事件の後、ジョージ・Ｗ・ブッシュのアメリカは「テロとの戦い」を掲げ、いつも通り戦争をはじめた。国際テロ組織アルカイダの首領ビン・ラーディンをかくまっているタリバン討伐という理由でアフガニスタンが空爆され、カブールは廃墟となった。その後、イラクが大量破壊兵器を隠しもっているというエクスキューズによりイラクとの戦争がはじまり、バクダッドを占領した。日本の政府もアメリカの対テロ戦争を支持し、支持率の高い小泉政権が迅速にテロ対策特別措置法とイラク特別措置法を整備。自衛隊をインド洋とイラクに派遣した。つまり日本はイラクの敵だったのだ。イラクにもイラク人にも何の恨みもないが、わたしは敵国の人間ということになる。ドイツはアメリカのイラク攻撃に強硬に反対した。

イラクの町は連日爆撃にさらされていた。多数の民間人の死者が出るなか、小さな子どもをかかえた父親は、戦争難民としてベルリンに流れてきたのだろう。わたしに詳しい実態を調べる能力はないが、紛争地域から平和な欧州の国に難民を連れてくるブローカーがいて、難民からかなりの金額をとって命を運ぶというのはよくあることのようだ。

ビザ延長の際は、担当官に少しでもいい印象を与えるようにマトモな格好をしていったほうがいい、といわれていた。わたしは白いYシャツと紺のジャケットを着ていた。手持無沙汰で、ジャケットについたほこりをつまんだり、吹き飛ばしたりしながら、時間をつぶしていた。赤ん坊が時折泣き声をあげるたび、母親があやしていた。待ちびとたちは黙りこくったまま、目をつぶったり、天井をあおいだり、新聞を読んだり、ため息をついたりしながら待ち時間に耐えていた。

よどんだ空気をかき回すように、突然、大きな声が響いた。

「くそったれ」

英語だった。二人組の若い白人が、おしゃべりをしながら入ってきて、あまりのひとの多さに嘆いたのだ。一人はだぶだぶのチノパンをずり下げてベルトでしめ、ドレッド頭を後ろで束ねていた。もう一人はオレンジ色のシングルの革ジャンを羽織り、ダメージジーンズに白いスニーカーをはいていた。ドレッドがわたしに声をかけてきた。

「ヘイ、時間がかかりそうだな」口から強烈にアルコールがにおった。まだ昨日の酒が残っているようだった。

「うん、永遠に待たされるみたいだ」わたしは大げさに言った。

「そりゃないよ」とドレッドは笑い、「きみは、どこから？」と聞いてきた。

「日本だ。きみたちは？」

「アメリカだ」よろしくな、とおきまりの挨拶をかわすと、二人が椅子に落ちついた。

「しかしここは息が詰まりそうなところだな」とドレッドが言った。

「典型的なドイツ的お役所だよ。ここの担当さんたちはみんな手ごわいよ。頭は岩みたいに硬いし、親切じゃないし、これっぽっちの小さな不備でも突っついてきて、スタンプを押してくれないんだ。ぼくらを生かすも殺すも、ここの担当さん次第さ。お行儀良くしていた方がいいよ。審査に響くかもしれない」

わたしは先輩風を吹かした。ドイツにきて以来、役所、警察、銀行、不動産屋、大学の事務手続きなどで、さんざん手痛い思いをさせられてきたからだ。

「はぁ？　オレたちはアメリカ人だぜ。パスポートにビザのシールを貼ってもらうだけの話だろ？」

彼らは屁とも思っていなかった。あるいは実際アメリカンにとっては屁なのかもしれなかった。

わたしは少しばかりくさすつもりでたずねた。

「朝まで飲んでたのか」

「そうさ、クラブでね。ベルリンのクラブは最高だな。きみも行くだろう?」

「たまにはね」

オレンジの革ジャンもまだ酔いがさめていなかった。目元はゆるみ、頬には赤みがさしていた。役所とクラブの区別もつかない感じで、わたしに話をふってきた。

「昨夜オレたちがナンパした二人の子が簡単についてきたんだよ。アパートに帰ってさ、オレは片方の子とすぐファック。コイツは失敗」

そう言ってドレッドの肩をたたいた。

「仕方ないからオレは隣の部屋で、その子とマリファナを吸ってたんだ。だけどこいつと彼女の声がスゴくてさ。もうガマンできなくなってきてさ。キマってるから、つい女の子の服を脱がそうとしたら、ドカンと股間にジャーマン・キックが入った」

「うっひゃっひゃっひゃっ。ただの蹴りだろ。ジャーマン・キックってプロレスの技みたいだ。うっひゃっひゃっひゃ」

オレンジの革ジャンの笑い声が、待合室に響き渡った。注意を促す誰かの咳払いがし、露骨に舌打ちする音が聞こえた。となりのイラク人の母親はびくついていた。胸のなかの赤ん坊を隠すように抱きかかえる様子が目に入った。トーンダウンしろ、とわたしは手で合図したが、革ジャンはおかまいなく大声で話しつづけた。

わたしははっきり注意した。

「静かにしたほうがいい。あまり悪い印象をもたれるとビザに影響するよ」

ドレッドがムッとした様子で言った。

「ビザビザって、たかがスタンプの話じゃないか」

わたしは、無性にくやしくなってきた。アメリカの爆撃から逃れ、難民としてドイツに流れてきた者が、庇護権申請がなかなかおりず、びくびくしながら不法滞在を余儀なくされるケースが多いのも現実なら、そんな心配もなく、爆弾を落っことした側の人間が自由気ままに生きられるのも現実だ。そして現在、わたしも落っことした側の人間だった。イラク人の肉体を切り裂き、内臓を吹っ飛ばしている何千何万もの爆弾をつくる資金の多くを日本人が税金として支払っているのだ。外国人局の待合室は世界の縮図だった。

九・一一の夜にみたテレビを思い出した。テロリストと崩壊していくワールド・トレードセンターが、ニューヨークの男と女のセックスを引き立てるライトアップされたワールド・トレードセンターと同時に映っているのだった。それが現実となってわたしを取り巻いていた。

イラク難民の横には昨夜ナンパした子に股間を蹴り飛ばされたアメリカ人が座っている。わたしの同僚だったモハメド、そしてテロリスト・アタ、わたしがぶちのめしたジャンキー、日本で自殺しようとしていたわたし……。ニンゲン世界の滑稽さと悲惨さは、ここに極まっていた。ベルリンのカナッケ・オフィスに。よりにもよって、なんでわたしのまわりには、人生の敗残兵オールスターズがこうも見事に世界中から集まってくるのだ。

わたしのなかで何かがブチッと切れた。キリストは何をぐずぐずしているのだ。モーゼもマホメットも、もったいぶっていないで、さっさと話し合う時間と場所を設定して、地上世界の困窮を話しあい、すみやかに話をまとめて手打ちをすればいいのだ。アメリカ大統領も、神がアメリカ合衆国を守りたもう《ゴッド・ブレース・ユナイテッドステイツオブアメリカ》、なんて戦争をはじめるときに宣言するのはやめたらいい。イスラム戦士ムジャヒディーンも、神は偉大なり《アッラーアクバル》と叫ぶのをやめたらいい。唯一神だって、それじゃあ、どっちについていいか困ってしまうではないか。アメリカの神もイスラムの神も、一地方の神々のひとりにすぎないのだ。日本にだってかつては現人神がいたのだ。そして世界中で神風を吹かしあっている。

　ばかばかしくなってきた。ビザなどくそくらえだ。犬に食わせればいいのだ。ビザなど廃止して、世界から国境をなくせばいいのだ。太陽があればそれでいいのだ。国家も権力者も王様も貴族も、CIAもアルカイダも、いらないのだ。奴隷もいらなければ、主人もいらないのだ。三八億年前のあの日、あのとき、あの場所で、地球にたったひとつの生命細胞が生まれたのだ。あとはそこからひたすら分化分離し、命はどんどん増殖していったのだ。恐竜もゴキブリも人間も、高等下等もない。みんなひとつのタマシイから、おもちをもぎ取るみたいに離れていった生きものにすぎないのだ。みんな、あのひとつの生命細胞の子どもたちだ。みんないっしょだ、みんなひとつなのだ。地球という小さな箱庭のなかで殺しあいをして、こっちが勝った、あっちが負けた、今度はこっちだ、次はあっちだ、とやっていることに何の意味があるのだ。そしていつかまとめて自滅していく。勝者も敗者もいないのだ。

　わたしはそこいらじゅうを転げまわりながら、大声で叫びだしたい衝動を感じた。

涙を流して怒り、笑い、悪臭を放つ屁をブーブー出して、洟をたらし、ニンゲンの生死を寿ぐような、バカにするような、哀れむような、すがるような、悲しむような、発狂するような、獣のようなうめき声をあげて、いつまでも転げまわっていたいと思った。

さっきまでくだらない与太話に笑い転げていたアメリカ人二人組も、となりの深刻そうなイラク人家族もふくめ、待合室の全員が、もう、みんないっしょに、「ええじゃないか、ええじゃない、なんでもええじゃないか」と踊り狂ったらええじゃないかと思った。胸のなかから吹き出すものを抑えきれなくなって、わたしは待合室を飛び出した。せっかく数時間待ったのに、すべてはおじゃんになった。

気がつくと、朝もやにつつまれたシュプレー川のほとりで、ひざに手をついて肩で息をしていた。草むらから起きだしたホームレスが、固くなったパンをちぎって小さくし、手のひらに載せているのが目に入った。カモと白鳥が、そうするのが当然とでもいうように、ホームレスのぶ厚い手のひらからパンをついばんでいた。わたしが近づこうとしたとたん、わたしの気配に驚いた白鳥たちが、真っ白い見事な翼をピンと伸ばし、いっせいに飛び立った。川面に水の輪がみるみる広がっていく。

この世界は美しくみえた。

ホームレスがわたしを認めて、笑いかけた瞬間、啓示のように言葉が下りてきた。

このままじゃくたばれない、もっと世界を抱きしめたい、と。

第七章　あるトルコ人労働者の本音

ベルリン在住トルコ人男性ラマザン・バズィギットが結婚相手を募集中!

名前：ラマザン　苗字：バズィギット
性別：男
年齢：三七歳
居住地：ベルリン、ドイツの首都。
出身：ビュユークカバジャ、トルコ南西部のウスパルタ県にある風光明媚なエイリディル湖畔の小さな町。
身長：一七〇センチ
体形：がっちり
学歴：ベルリン職業訓練学校卒
職業：土建会社TANE経営者
性格・タイプ：誠実、努力家、社交的。

その他：母国語はトルコ語。外国語堪能。ドイツ語はほぼネイティブレベル。アラブ語・英語はビジネスレベル。家庭的で性格のおっとりした女性を希望。新婚旅行はトルコ地中海沿岸クルーズ。ふるさとのトルコ、ウスパルタ県には、世界の七割のダマスカスローズを生産する町があり、バラの高級香油や化粧品などは、里帰りした際に豊富に安く手に入る。日本人女性を強く希望。興味のある女性はぜひ一度お会いしてみませんか！

ラマザンの父親は、移民労働者としてトルコ内陸部にあるウスパルタ県の小さな村からドイツにやってきた。ラマザンもトルコ生まれだが、ハイティーンになってからドイツにいる両親に呼び寄せられ、以来ずっとベルリンに暮らす。トルコの農村で羊飼いの祖父母に大事に育てられた純朴な少年が、歴史にもまれて、すれっからしになった町ベルリンにきて、あちこち傷を負うことになった。

欧州におけるイスラム移民を克明に調査した『ヨーロッパとイスラーム』（内藤正典著、岩波書店、二〇〇四年）を参考に、まずは彼らの背景をざっと追ってみよう。

トルコの現代史はオスマン帝国の瓦解とともにスタートする。一七世紀には中東、アフリカ、欧州にまで版図を広げた帝国が第一次世界大戦に敗北、欧州列強は我も我もと乗り込んできて利権争いにしのぎをけずることになった。だが、オスマン軍の一リーダーだったケマル・パシャの一団が激しい抵抗運動（祖国解放運動）を繰り広げ、帝国をつぶして、一九二三年にトルコ共和国を作り上げる。帝国の支配下にあったアラブの中東諸国がつぎつぎに欧州列強の植民地になっていくなか、トルコは独立を保つことになった。その後、西欧的な近代国家への道を歩みはじめたものの、国内には国家経済を支える基幹産業が育たず、資本の集まるエーゲ海や黒海沿岸の都市部をのぞき、内陸部の農村地帯の貧困は深刻化する。その結果、一九六〇年以降トルコは内陸の農村部から欧州各国へ移民を数多く送り出すことになった。

そのころ西ドイツ（旧ドイツ連邦共和国）では「経済の奇跡」と呼ばれる経済成長が著しく、労働力不足に悩むようになっていた。戦争により若い働き手が数多く失われ、戦後、東西ドイツが分断されてしまったことが響いていた。東西ドイツ間の移動が可能だった時代には東ドイツの労働者がベルリンを通じて西ドイツ側に入ってきたが、東ドイツはそれを食い止めるために一九六一年、ベルリンの壁を建設する。これにより労働者の移動ができなくなり、西ドイツはいよいよどこの労働現場でも、猫の手でも借りたい状態になった。

同年、西ドイツ政府はトルコ政府とドイツ・トルコ雇用双務協定を締結。ドイツがホストとなって、トルコから労働者を送ってもらうことになった。すでに五〇年代中期にはイタリア、六〇年代にはトルコのみならず、ギリシャ、スペイン、モロッコ、韓国、ポルトガル、チュニジア、ユーゴスラビアとも協定を結び、外国からの出稼ぎ労働者をどんどん受け入れた。

ラマザンの両親もその協定により、ウスパルタ県内陸部に位置するビュユークカバジャからやってきた。父親と母親はラマザン少年を祖父母にあずけ、どろどろになって働いた。車工場、繊維工場、建築現場などを転々としながら、ドイツ経済を底辺から支えた。

ラマザンの祖父母は代々からつづく伝統的な羊飼いだった。夏は羊とともに山で暮らし、夏が終わると村に下りてきて農耕をする典型的な農牧生活を送っていた。ラマザン少年も羊と歩きながら山で生きるすべを身につけていったのだが、現代社会はそれを時代遅れで金にならない生き方だとみなすようになっていた。慈愛に満ちた祖父母に愛されながらも、ラマザンは父と母が恋しかった。ドイツへのあこがれは強まった。

移民労働者はドイツ語でGastarbeiter（ガストアルバイター）、ゲスト労働者と呼ばれる。「ゲスト」という言葉には一時期働いてもらって、いずれは国へ帰ってもらう客だ、という含みがある。だが働き盛りの若い男女がやってくる以上、そこには青春と人生がかかっている。迎える側も、くる側も、都合よく労働力だけをやりとりして、はい、さようなら、というわけにはいかなかった。そこには外国人労働者たちの受難が待ち受けていた（元来、侮蔑の意味もなかった「ガストアルバイター」という言葉は、トルコやアラブ系の移民労働者への差別感情や排外的な風潮が高まるなかで、〈やっかい者〉というイメージと結びつき、そう呼ばれる側があまり快く感じられなくなってきたこともあり、パブリックには使われなくなりつつある）。

一九七三年、第一次オイルショックにより、ドイツの高度成長はストップした。きっかけは何か。同年、西側諸国が支持するイスラエルがアラブ諸国の支持を受けるエジプト・シリアと第四次中東戦争を開始。そのため、サウジアラビアやイランなどの石油産油国は西側への対抗措置として石油価格を大幅に引き上げ、石油生産を削減、石油の輸出制限を敢行した。そして、石油を輸出に頼っていたドイツを含む西側諸国の経済は混乱をきたした。日本も同様だった。

景気後退を受けて、西ドイツ政府は外国人労働者の受け入れを急いでストップ。この時点でトルコ人労働者の数はすでに一〇〇万人を超えていた。オイルショックは労働者を送り出している側のトルコも苦しめており、いったん国を出た労働者が戻ってくることを望まなかった。一方ドイツ側の本音としては、早く国へ帰ってくれ、というものだった。これでトルコ人たちはパニックに陥った。だがドイツ側には、はっきり帰れといえない事情があった。欧州には「欧州人権条約（人権及び基本的自由の保護のための条約）」（一九五三年発効）があり、離れ離れに暮らす家族が一緒になって暮らすことを基本的人権として認めていたのである。それを知ったトルコ人たちはいっせいに家族をトルコから呼び出し、ドイツに定住していくようになった。外国人労働者は減るどころか増えていき、本格的に移民化していくのである。一七歳になったラマザンも高校卒業を区切りにしてドイツにくることになった。

「ずっと親といっしょに暮らしたかったんだ。ベルリンへ向かう途中、うれしくて涙が出たよ。それに初めての外国さ。初めてのドイツ、初めての都会。親たちから苦労話は聞かされていたけれど、それよりも期待の方が大きくて、胸がはちきれそうだった」。トルコの牧歌的な田舎で育った少年は、本国イスタンブールの喧騒もろくに知らないまま、いきなりヨーロッパの都会に飛び込むことになった。間もなく七〇年代が終わろうとしていた。

ドイツはオイルショックをきっかけに景気後退がはじまり、低成長・高失業の時代に入った。失業者をかかえる市民社会と移民家族の流入はなじみようがなかった。ドイツの失業者たちは、自分の職を移民たちが奪っていると感じるようになり、差別感情や排外感情が強まっていく。リアルにみればコスト面から人件費のかさむドイツ人よりも安い賃金で働く移民労働者に頼ったのはドイツの企業側、雇用主側だった。移民労働者は景気が良くなれば安い賃金でも超過労働もいとわず我慢して働いてくれるし、景気が悪くなれば簡単に切れる。ドイツ人がやりたがらないきつい、危険な労働も引き受ける。使う側にしてみれば、これほど使い勝手のいい存在はなかった。

ラマザンたちは、工場ではよく「Kuh《クー》（牛）」と呼ばれたという。

「ドイツ人はオレたちを人間とはみていないのさ。人間ではなくて、労働力《アルバイツクラフト》を提供する動物でしかないんだ。そこの牛、もっと動け、もっと早く動けって、罵声がしょっちゅう飛んでくる。こんな屈辱的なことってあるか」

トルコ移民労働者の数が増えるにしたがってベルリンにはトルコ人街が形成されていった。七〇年代のことだ。「トルコ人ゲットー」と呼ばれることもある。その典型がベルリンのクロイツベルク地区だ。ベルリンの壁沿いにあり、戦前からの古いアパートが老朽化したまま数多く残っている。場所柄、家賃が安かった。そこへトルコ人移民労働者が集まった。ドイツとは異質な空間が生まれる。トルコの料理屋、服屋、野菜果物屋、肉屋、パン屋、床屋、タバコ屋、キオスクなどができていく。彼らはほぼみなイスラム教徒であり、礼拝所《マスジト》も必要となる。男たちは髭を伸ばし、女たちはスカーフやヴェールをかぶって町を歩く姿が目立つようになる。彼らはドイツに同化するどころか、ますますトルコ的イスラム的生活を実践するようになっていった。若い者は結婚もし、二世が生まれていった。こうして移民街が形成されていった。

ユダヤ人を排斥し虐殺したナチス時代の反省から西ドイツでは、外国人の排斥は禁止されていた。そのため、はっきり出ていけといえないドイツ市民のなかにストレスがたまっていく。その不満をすくいあげて政治的な力にするのが右派政党やネオナチたちだ。

彼らはいつも決まってこう主張する。外国人が増えると治安が悪化する。ドイツ固有の文化が失われる。ドイツ社会に分断を生む。ドイツはドイツ人のものだ……。

一九八九年のベルリンの壁崩壊は、ラマザンたち移民労働者にとって、なんらうれしい出来事ではなかった。

「オレたちに対する旧東ドイツの労働者たちの態度のひどさといったらなかった。差別とか侮蔑とかを超えて、オレたちに対する殺意すらもっていたよ。ベルリンの壁に囲まれてオッシー（旧東ドイツ人に対する侮蔑語）は外の世界を知らないからガイジン慣れしてなかっただろうし、教育も悪かったんだろう。彼らはみな平等で生きてきたのに、とたんに劣等市民に落とされてしまったんだ。何しろ、国が破綻して、すべての国営企業がつぶれて失業者になったわけだからね。壁がなくなってみたら、自分たちには仕事がないのに、外国人のオレたちには仕事がある。不満をぶちまける相手が欲しかったんだろう」

国外の情報を極端に制限されていた東ドイツ人には、西ドイツで働くトルコ人たちの歴史的経緯など、まったくあずかり知らぬことだった。

一九九二年にはドイツ北部のシュレスヴィヒ・ホルシュタイン州のメルンで、さらに一九九三年にはノルトライン・ヴェストファーレン州の刃物の町としても有名なゾーリンゲンで、極右勢力によって移民労働者のトルコ人家庭の家が焼き討ちされ、幼い子どもを含む犠牲者を出している。

こうした風潮のなかで、現実から疎外されているトルコ人移民労働者たちは心のよりどころを求めるようになる。それがイスラム信仰だった。

移民した当初、彼らの多くは信仰に対して熱心ではなかった。単身者が多く、働いて金を稼ぐことが最優先だったからだ。だが家族を呼び寄せて家庭生活を送るようになると、じょじょにイスラム信仰にかなった生活をするようになっていく。子どものしつけや教育も考慮し、イスラムの教えにふさわしくないヨーロッパの社会現象から遠ざけるようになる。礼拝所に行けば難しいドイツ語を話す必要もなく、情報交換もできれば、愚痴もいいあえる。時間がたつにつれて大きなモスクが建設されるようになり、信徒同士の活動が組織化される。相互扶助のための組織が生まれ、モスクに行けばドイツ語ができないトルコ人のために行政文書をドイツ語からトルコ語に訳す翻訳者が助けてくれたり、就職や商売、不動産など生活全般に必要な情報も交換できるようになっていく。

そこにはトルコ人のみならず、さまざまな国のイスラム教徒が集まるようになった。戦争難民も多い。困っているひとをみつけたら何が何でも助けることを旨とするのがムスリムだ。移民たちはますますイスラム信仰に熱心になっていった。欧州におけるイスラム系移民が、ドイツのなかで批判を受けながらそれでもイスラムに固執するのは、そこに足を地につけた助け合いの場があるからだ。

人生の冒険がはじまったばかりのラマザンは、多感な時期をそんなベルリンのムスリムカラーとドイツ人失業者がたむろする移民街で過ごすことになった。ラマザンはもともと探求心が旺盛で、大学で勉強をしたかったのだが許してもらえず、職業訓練学校を出ると一九歳からベルリンの土建会社で働きはじめた。以来、土木工事や建物のペンキ塗りに従事してきた。

わたしがラマザンと出会ったのは、一九九七年、ベルリン工科大学のカフェテラスだった。ただ同然の紙コップコーヒーが飲めるため、仕事あがりに同僚らのたまり場として使っているのだった。

ドイツ人学生にまじって、ペンキや土砂の汚れで真っ黒になった移民労働者たちがしゃべっているのは、いかにも雑多なベルリンらしい日常風景だった。わたしがぶ厚い小学館の独和大辞典（電子辞書がまだなかった！）をにらみながら、ドイツ語と格闘しているときだった。

偶然隣に座ったラマザンが、辞書をのぞきこんでドイツ語で言った。

「こりゃ日本語だな」

「よくわかるね」

「日本に行ったことがあるんだ」

「へえ。どこにいたの？」

「東京だよ。新宿とか」

「休暇《ウアラウブ》で？」

「いや、ショベルカーを買いに行ったんだ」

「ショベルカーを買いに日本へ？」

「そうだ。コマツのやつが欲しかったのさ」

わたしは驚いて、あらためてラマザンをみた。汚れた顔のなかに、澄んだ瞳が静かにうるんでいる。どろどろの作業着を着て流暢にドイツ語をしゃべるトルコの男が、日本でコマツのショベルカーを物色している姿とうまく結びつかない。事情はよくわからないが、なかなか面白い男に思えた。ドイツ語を読むのに飽きていたから、わたしは独和大辞典をぱたんと閉じてたずねた。

「で、ショベルカーは船で運んだの？」

「いや、予算が合わなくて、けっきょく買えなかった。運び賃も入れると、払える額ではなかったんだ」

「それは残念だったね。ショベルカーが必要ってことは建築関係の仕事？」

「土建屋をベルリンとトルコの村にもっているのさ」

「そりゃすごいな。若いのにマイスター（親方）か」

「そういうことになるな。うちの会社はＴＡＮＥ《タネ》っていうんだ」

「タネ、トルコ語？」

「そうだ。トルコ語だけど、種って意味さ。日本語でもタネっていうだろ」

「え？」

「不思議なもんだ。オレも最初は知らなかった。日本へ行って自分の会社名を紹介したときに、同じ発音、同じ意味だってことを知ったんだ。単にショベルカーが欲しかっただけなんだが、不思議な縁を感じたものさ」

「でもなんでタネ？」

「うちの会社からいろんなものが育ってくれたらいいって、願いを込めて」

「いい名前だね」

「だろ」ラマザンはうれしそうに髭をなぜた。

「ところで、東京は気に入った？」

「とても気に入ったよ。東京で出会ったひとたちは、みなすごく親切だったけど、警察と酔っ払いだけは最後まで苦手だったな」ラマザンはおかしそうに笑った。

「警察に何かされたの？」

「オレが東京へ行った九〇年代の東京にはイラン人労働者がたくさんいた。おまえも知ってるだろう？」

「うん、偽造テレフォンカードと麻薬を売っているイラン人がたくさんいた。テレフォンカードにはよく世話になった」

「オレはイラン人によく間違えられてね。警察に声をかけられてずいぶん職質を受けた。こちらはトルコ人だ、といったところで通じない。向こうはオレが麻薬をもっていないか、偽造テレカをもっていないか、そればかり聞いてくる。カバンを開けたところで、何も出てきやしない。毎日そんなことばっかりさ。あまりにしつこいから、あるとき抗議したら、交番まで連れていかれた」

外国人慣れしていない日本のおまわりさんたちの右往左往が目に浮かぶ。わたしは日本の警察を弁護した。

「日本人には、トルコ人とイラン人の見分けがつかないんだよ」

「オレたちだって日本人と韓国人と中国人を見分けるのはむつかしいからね。仕方ないことさ。でも、楽しいことの方が多かった。ハーモニカをもっていたから、駅前で吹いていた」

「小銭稼ぎで？」

「そうだ。オレが泊まっていた新大久保の〈ガイジンハウス〉に泥棒が入ってな。財布丸ごとごっそりやられたんだ」

「え？　新大久保で？　なんてこった、それは申し訳ないことをした」

「いいんだ。数日後にはトラベラーズチェックが再発行されたんだが、すっからかんになって数日間は生き延びる必要があった。新宿の駅前に、ギターを弾いている若いひとがたくさんいるだろう。ギターケースをみるとけっこうコインが入っているんだ。だからオレもその横でハーモニカを吹いてみた。帽子を逆さにして路上に置いておいた」

「でコインは入ったの？」

「入った入った。日本人は優しくてね。一晩で三〇〇〇円から四〇〇〇円くらいになったんだ。それで一日の食事代、一〇〇〇円だけとっておいて、残りは、となりでギター弾いている青年に全部あげたんだ」

「なんで？」

「あのお金は神《アラー》がめぐんでくれたものさ。生きていくために必要なめし代はあたえられたんだ。それ以上は取ってはいけない。でも、神はもっとたいしたものをくれた。その青年、タクさんがひとり暮らしだからって、オレを泊めたいっていいだしてさ。それまで寝泊まりしていた〈ガイジンハウス〉を出て、タクさんのアパートで暮らすことになった」

「そんな日本人がまだいたのか。日本にいて、オレはそんな日本人に会ったことないな」

「タクさんは本当にいいひとだったよ。赤い長髪で、いつも同じジーンズはいて、ミュージシャンになりたがっていた。なかなかデビューできないで、くすぶってたな。おまえさんくらいの年齢だった」

「オレも新宿はよく使う町だったから、すれ違っていたかもね」

「夜はよくタクさんと歌舞伎町の飲み屋に入った。日本人はあんなにまじめな顔して昼間働いているのに、夜、酒を飲むと、とたんに変わるんだな。オレは一滴も酒は飲まないからつきあっていただけだけど、酔っている日本人をみるだけで楽しめた。あるとき、店で飲んでいたら、酔っ払いがやってきて、オレにからんできたことがあった。日本語でまくしたてているんだけど、こっちは理解できない。タクさんに英語に訳してもらったんだけど、こういうことだった。オレたちガイジンがいるから日本の治安が悪くなるんだっていうんだ。麻薬や殺人やその他の犯罪が増えているのはおまえたちのせいだ、とっとと国へ帰れ、って言うんだ。ドイツ人と同じことを言うと思ったよ」

「ああ、申し訳ないな。日本人としてはずかしい」

「話には先がある。そこへ誰が助けにはいったと思う？　想像してみろ」

「誰だろう。店の人？」

「違う。黒い背広の上下にぴかぴかの靴を履いた男が近づいてきた」

「でた。ヤクザ？」

「そう、ヤクザだ。夜なのにサングラスをしていてね、その酔った男を睨みつけるのに、サングラスをはずした。すごい眼光の鋭いひとだった。その男が酔っ払いの襟首をつかんで、すごんだんだ。タクさんが説明してくれたところによれば、こんな感じだった。

〝いいかげんにしろ。わざわざ外国から来たゲストに因縁つけるな。あやまれ。この人だって大変なんだ。文句があるならオレにいいな〟ってさ。そのヤクザがオレに向かって、怖い顔で笑ってみせるんだ。ソーリー、ソーリーって言った。それから〝ばかな酔っ払いが、からんで申し訳ない。気を悪くしないでくれ〟って言ってタクさんとオレの飲み食いした分を払わせてくれっていうんだ。たいした額ではなかったけれど、勝手にテーブルに置いてあった勘定の紙を取り上げて、レジで払ったのさ。酔っ払いはびびって、すぐに逃げ出した。ヤクザは〝日本を悪い国だと思わないでくれ〟って一言残して雑踏に消えたのさ。日本のプロフェッショナルが助けてくれたって訳さ」

「……」

まいった。こんな話をベルリンで、しかもトルコ人からドイツ語で聞かされるなんて。

「そのヤクザ、きっと下っ端のチンピラじゃなかったんだろうな。そのひとは絶滅危惧種の正統派ヤクザだね」

「警察はオレをつかまえるのに、ヤクザは助けてくれるんだ」

ふたりで大笑いした。まったく奇妙なトルコ人だ。わたしはすっかり彼が好きになった。名乗りあって握手を交わした。ラマザンはわたしより一回り年上だったが、年の差は気にならなかった。つきあえばつきあうほどわたしを大事にしてくれた。兄貴分が弟分を大事にするようにだ。いつしか、わたしは彼をラマザン・アビと呼ぶようになった。アビとはトルコ語で兄を意味する。だからラマザンのアニ、ブラザー・ラマザンってところだ。そしてそれが当然だ、といわんばかりに、わたしとの飲み食いはすべてラマザンが払った。わたしがビールをがばがば流し込んでいくのに、本人は一滴も酒を飲まない。ムスリムだからだ。

飲まないのには、別の理由もあった。ラマザンの親父さんがドイツでの苦しい移民生活に耐えかねて、アルコール依存症になってしまったのだ。

「飲むのはおまえの自由だけど、おまえに中毒にはなって欲しくない」ラマザンは心配して言った。わたしがしょっちゅう飲みつぶれるからだ。

ラマザンがわたしをトルコ人専用カフェに連れて行くと、本人はコーヒーか塩味の飲むヨーグルトをたのむが、きまってわたしが飲んだのはラクという蒸留酒だった。フランスではピストゥス、ギリシャではウゾと呼ばれている酒と同じだ。透明の蒸留酒だが、水で割ると乳白色にかわる。冷えた炭酸水でわると最高だった。ビールに飽きてくると、これに切りかえるのがわたしの飲み方だった。一瞬覚醒してくるが、それがひとまわりして酔いになると、もういけない。重い酔いに落ちていく。一度これで〝あしたのジョー〟のような倒れ方をしたことがある。ゆっくりスローモーションで、真っ白になりながら、後ろにズドーンとノックアウトされた。そのまま記憶が飛んだ。ラマザンがわたしをかついでアパートのベッドに投げておいてくれた。その夜はラクの瓶をひとりで半分ちかくあけたらしい。生でいけば、四〇度はある代物だ。その払いももちろんラマザンだった。

ラマザンは、アル中の父親にたてつくことはなかった。父親は何度も警察の厄介になっていた。深酔いすると、タチの悪いいたずらをした。警察に電話をする。ウソのイスラム過激派グループを名乗る。そしてどこそこのデパートに爆弾を仕掛けた、と狂言をやるのだ。そのせいでデパートに警察が特殊部隊を急行させたこともあったという。ラマザンはそんな父親に対して敬語をつかい、気をつかって大事にした。わたしには理解しづらいことだった。

あるとき、なぜなのか、と質問すると、ラマザンは別の話をはじめた。

「イスラームとはどういう意味か知っているか」

「知らない」

「したがうって意味だ」

「したがう?」

「上に文句は言えないんだ」

「それはつらいな。家族でもかい?」

「ああ、そうだ。たとえ家族でもだ」

「オレは父親にも母親にもさんざん文句つけてきたな」

「お酒は止めたほうがいいですよ、と忠告はするよ。だけど、取り上げることはできない」とラマザンはそれが当然だという顔つきで言う。

「そうか。じゃあ、殴るなんてもってのほかだね」

「とんでもない」

「日本だったら、たとえば父と息子でもみあうくらいはあると思う。だんだん成長するにしたがって親と対立するようなこともでてくる。こっちも中学生ぐらいから体つきが良くなって、父親に体力で追いつく。あるいは追い越す。体をつかってもみあうとする。父親より腕力がついてしまっている自分を発見する。そしてちょっと寂しい思いをする」

「オレたちには考えられない。年上には礼儀をつくす。父であれ、祖父であれ、親戚の叔父さんであれ、近所のひとであれね。上の世代がいるから、オレたちがいるんだ。単純な話さ。上の世代がつくったものを、われわれはもらっている。感謝はあっても否定することはない」

「だからラマザン・アビは、お父さんを断罪しないということ?」

「うん、まあ、そういうことになるな。父さんは苦労もしているし」

苦い顔をしてラマザンは言った。

そしてつづけた。

「トルコ人は家族を一番大事にする。異国の地にくれば、その気持ちはなおさら強まるのは自然なことだ。助け合わないと生きていけないからさ。そして家族への思いは自分たちを育んだふるさとを思う気持ちにつながり、さらに母国を思う気持ち《パトリオーティシェ・ゲフューレ》に一本の線でつながっている。だから、ドイツにいる移民のトルコ人は、たいてい愛国者《パトリオット》なんだ」

わたしはしきりにうなずいた。愛国精神は別に右翼的なものではなく、本来、家族が大事、という当たり前すぎる話が土台になっていたのだ。日本の家庭を思い浮べた。それは壊れていた。そして今になって気がついた。

「家庭が崩壊している日本で、愛国を主張するひとたちがときにいびつにみえるのは、家族愛や地域愛という実態がないのに、愛国精神という観念ばかり目指すためなんだね。日本にいたころ、パトリオットたちにずっと違和感をもっていた」

「国を愛する前に、まずは家族を愛せ、さ」

ラマザンの言葉が光っていた。きっとそうなのだ。愛国どころか、嫌国に近いわたしですら腑に落ちた。愛国心は洗脳と街宣車では育たない。家族と地域を生き返らせないことには、健康な愛国心など生まれてこないのだ。

「ラマザン・アビ、一つだけ問題がある」

「なんだ」

「オレには家族がいない」

「つくればいいだろ」

「そっか」

「そうだ」

「なるほど」家族をつくる、という言葉がひどく新鮮に響いた。

ラマザンが下を向き、少し照れたような顔で言った。

「オレも家族がつくりたい。嫁さんに日本人をむかえたいんだ」

でた。噂に聞いていた、嫁さんには日本の女、愛人にはフランスの女という例の言い方だ。ほんとうにそうきた。

「なんで？」

「東京でみた女のひとたちはみんな美人だった。それにタクさんの彼女もとても優しいひとでね。彼女は毎日やってきて、なんでもやってくれるんだよ。タクさんとオレのために食事の用意をしてくれる。これがまた全部うまいんだ。唐揚げとかチキンカレーとか、手巻き寿司とか。オレがムスリムで豚肉が食えないと聞けば、すぐにメニューを変えて作り直してくれてさ。洗濯物もしてくれてね。日本の女のひとは本当に優しいんだと思った」ラマザンの顔が幸せそうにゆるんだ。

「そんな女のひとは、少なくなっているんじゃないかなあ。現代の日本の女のひとはみんな強いよ。

バリバリ外へ出て仕事をするし、男が尽くす方になっているんじゃないかな。頑張って稼いだって、あれを買えだ、これを買えだって吸い取られてさ。さらに家事も料理もできる男がいいとかいわれて。女のひとの要求のために、男が走りまわっているという感じがするな」

「なんだと？」

ラマザンの顔がくもった。バラ色の人生に暗雲が立ち込めた、という顔だった。わたしは思わずふきだした。兄貴分ながら憎めないひとなのだ。

こんな会話を交わした数日後のことだった。ラマザンが言った。

「おまえさんがドイツまで探しにきたという日本人の彼女にはフラれたんだったよな？」

「うん。今度ラブレターだしたら、ストーカー容疑で警察に訴えるって」

「そうかそうか、それはよかったな」

「いいもんか」

「まあ聞け。おまえさんがいいやつなのはオレが一番よく知っている。そこでだ。オレの実家の村にいる姪とお見合いをしてみる気はないか？」

「何だって？」

これにはさすがにびっくりした。あまりに唐突な話で、夢ふくらむ話なのか、夢しぼむ話なのか、判断に迷った。人数合わせのために、合コンに顔を出せよ、という話ではないのだ。

ラマザンがつづけた。

「おまえのちょうど二歳下の娘でな。メラニンっていうんだ。こいつは美人だぞ。今はウスパルタの大学で経営学を学ぶ学生だがドイツ語を第二外国語で選択しているし、日本にも興味をもっている。おまえにもってこいじゃないか。おまえの後見人はオレが務めるから心配はいらない」

「ちょ、ちょっと待ってよ」

「おまえたちが結ばれてくれたら、こんなにいいことはない。日本とトルコの関係をよくするささやかな一歩だ」

日本とトルコの関係って、まるでわたしが日本の外交官みたいなものいいじゃないか。興味はわいた。とりあえずわたしはたずねた。

「で、そのトルコ式お見合いっていうのはどんな風に展開するわけ？」

ラマザンの顔がにやけた。

「場所は家だ。それもメラニンの家にオレとおまえで訪問する。ちゃんと髭をそって、ジャケットくらいは着ないといかんな。それに香水くらいはつけていく必要がある。こんなのとかな」

ラマザンが作業着の胸ポケットから、小さなエッセンシャルオイルを取り出した。

「何それ？」

「オレの実家の近くにバラの町（ウスパルタ県の県都ウスパルタ、伝統的にバラ油製造の町として有名）があってな。そこで作られているバラの香水さ」

キャップを外し、わたしの鼻さきに瓶をもってくると上品なバラの香りが広がった。香水というにはとても素朴で、人工的な混ぜもののない、バラの力を信じきった香りという感じだった。

「ＯＫ、こんな香りを身につけて、メラニンの家に行くわけね。それから？」

「居間にはメラニンの両親が座っている。その対面にオレとおまえが座る。メラニンは部屋の隙間からおまえをのぞけるようになっている。どんな男だか、まずは女が男を観察する。おまえはその間、値踏みされているってわけだ」

わたしは無言でうなずいた。なんだか少し緊張してきた。

「メラニンの顔をみることはできないの？」

「まあ待て。そう急ぐな。そこでまず、向こうの両親と歓談するんだ。両親はおまえと話をしながら、おまえがどんな人間かそこでテストする。まっとうな人間かどうか、信頼にたる人間かどうか、将来的に経済的に困るようなことはないか、家族はいいかどうか、性格がいいかどうか、まあそんなところだ。そこで両親がだいたいオッケイだと思ったら……」

ラマザンはもったいぶって、ここで一呼吸入れ、タバコに火をつけた。わたしはじりじりした。そしてせかした。

「思ったら何？」

「そこではじめて父親が、おーい、メラニン、紅茶をもっておいで、とたのむ」

「いよいよメラニン登場だ」

わたしも楽しくなってきた。

「さあ、はいってきた。メラニンがもつお盆の上には、紅茶のカップが四つ載っている。両親のふたりと、オレとおまえの分だ」

わたしは美人を想像する。とびきりのトルコ美人だ。すっきりした目鼻立ちにオリエンタルな黒目、黒髪、そして真っ白で細長い華奢な手……。

「ひとりひとりにお茶がくばられる。な、みえるだろう。おまえの前に湯気がたったカップが置かれている。さあ、一口飲んでみろ」

わたしはズズッと飲むマネをする。

「どうだ？」

「どうって？　普通の紅茶だろ」

「甘いか、しょっぱいか、それが問題だ」

「え、しょっぱい紅茶があるわけ？」

「それが彼女の答えだ。もし塩味がしたら、おまえを受け入れるというサインだ。甘い紅茶だったら、この話は残念ながらなしにしてくれ、というサインだ」

「なるほどね」わたしはもう一度カップをもって、ズズッと飲むマネをする。

「む、アビ、塩味だ」わたしはにやっとして言った。

「おお、メラニンがおまえさんを受け入れたんだ。やったー」

うわーい、とわたしとラマザンは大はしゃぎだ。まったくバカである。

塩味紅茶を飲む機会は、まだ訪れていない。ラマザンもまだ日本人のお嫁さんをもらう夢を捨てきれていない。夢は夢のまま終わるのか、花と咲くのか。

神の御意《インシャアッラー》のままに。こんな我が兄貴ラマザンと会ってみたい日本人女性の皆さま、ぜひ、ご一報ください。

第八章　行き場のない移民少年たち

ベルリンの夏の夜はずいぶんゆっくりやってくる。日の入りが九時過ぎだ。九時半をまわっても、まだ西の空がさっと刷毛で描いたようにオレンジに染まっていて、ようやく川沿いのランタンが小さく灯りだす。

二〇〇五年七月一一日のベルリンのクロイツベルク地区の、最高に気持ちのいい夕暮れだった。わたしはひとりで、パウルリンケウーファーを歩いていた。川に面した瀟洒な道だ。こじゃれたカフェがいくつか並ぶ。ベルリンの恋人たちは川沿いのベンチに座り、持参したティーライトキャンドルをともし、ワイングラスまで用意して、ゆったり傾けている。道端に旧式の水の手押しポンプがあった。緑のブロンズの取っ手を上下させると、がちゃがちゃいいながら水を遠慮なく吐き出す。わたしは手足をひやした。鎖から放たれた犬が、跳ねる水に飛び込んできた。犬とわたしは水にぬれた。遠くから飼い主の黒い影が歩いてくる。夏の夜の風がぬれた肌をかわかして、体の熱が逃げていく。

ほっと一息ついたとき、空から赤い花が落ちてきた。アパートのバルコンから落ちたブーゲンビリアが風に飛ばされたのだろう。花びらがほどけ、わたしのTシャツの胸に引っかかった。胸が血を流しているようにみえた。

夜風にあたりたくなったのはわけがあった。夕方家に戻ると、わたしは小さな台所に突っ立って、飯をつくって食べ、タバコを吸っていた。そんなとき、いつもベルリンのFMラジオ・ムルティクルティ局をきく。ベルリン在住の外国人向けの放送局で、時間によってさまざまな言語でニュースと音楽を流す。つけっぱなしにしていると、世界旅行をしているような気になる。バルカン半島の諸言語もあれば、ロシア語をはじめとするスラブの諸言語もある。欧米諸国語も南米語もある。ルーマニアの売れ線だとか、ポーランドのラップとか、セルビアのクラブビートだとか、イタリアのポップなど、よその国の人間にしてみれば聞くチャンスがないものばかりだが、意味もわからないのにひどく心に響くものに出会ったりすると、うれしくなる。

今夜のボスニア語放送は、一〇年前の事件を語っているらしく理解はできないが、繰り返される一つの単語が耳に残った。スレブレニツァ、スレブレニツァ、スレブレニツァ。

何を意味するのか、すぐにわかった。ちょうど一〇年前にあたる一九九五年七月一一日、ボスニア・ヘルツェゴビナの町スレブレニツァで八〇〇〇人ものイスラム系地元住人であるボスニア人（ボシュニャク人）が、セルビア人勢力によって虐殺された。殺されたのは一七歳から七八歳の男性に限られていた。九〇年代初頭からはじまったユーゴスラビア連邦解体のなかで、バルカン半島において凄惨をきわめる民族紛争がつづき、似通った言語を話す者同士が血で血を洗う殺しあいをつづけた。その過程で起きたのがスレブレニツァの虐殺だ。戦闘行為の果てに起こった突発的な殺人事件ではなく、用意周到に計画され実行に移された、第二次世界大戦以降、欧州で最悪の戦争犯罪とされる。

九五年をわたしは「絶望の九五年」と呼んでいる。

この年は日本でも世間を騒がす事件が相次いだ。そのひとつが宗教団体オウム真理教による一連の事件だ。三月の地下鉄サリン事件をピークに、メディアは連日オウム報道に染まった。この組織には、生き場を失ったわたしの同世代の青年男女が次から次へと入信し、社会を敵にまわして自滅していった。宗教に興味はなかったが、事件後、彼らの素性が明らかになっていくにつれ、希望のもてない日々を生きる姿は間違いなくもう一人の自分だという思いを抱いた。その年の一月の神戸の震災の風景とあいまって、瓦礫のなかを右往左往している若い日本人が自分の心象風景として定着した。

祝福された Windows95 の発売。インターネット社会のスタートが、ひとびとの悪意を可視化し社会の分断を進めたという面は功罪の罪にあたるだろう。日経連（のち経団連に合併）による「新時代の『日本的経営』」が提出された。非正規雇用を正規雇用者の半分にまで増やすことが提言され、日本の企業経営者たちが正規雇用者に給料を払いきれなくなったことが露呈。職業を中身によって階層化していくとする提案は、新しい身分社会を到来させ市民を上級下級とに分断、差別化していくことにつながっていく。

前年には日米貿易摩擦にいら立つアメリカ政府の命令によって大規模小売店舗法が改正され、小売店の生存が否定されて大規模店舗の誕生が後押しされた。その結果、日本全国にシャッター通りの商店街が生まれる道筋が作られた。参院選においては戦後最低の投票率を更新。ひとびとの政治への無関心は頂点に達し、それが皮肉にも九五年以降の負の流れをますます後押しすることになった。

目を世界に転じるとこの年、スレブレニツァの虐殺のみならず、のちに時代の大きなうねりをつくることになる、小さな出来事も起こっている。二〇〇一年九月一一日に起きたアメリカ同時多発テロのハイジャックテロリスト、モハメド・アタがメッカ巡礼の旅をした。それがテロへの直接的な引き金になったかどうかは不明だが、ドイツに留学してハンブルクで建築を学び、指導教官も瞠目するほどの才能をみせていたアタがメッカを巡礼したこの年以降笑わなくなり、極端な思想に急旋回していったと考えられている。

虐殺されたボスニア・ヘルツェゴヴィナのムスリムたち、彼らを虐殺したひとびと、テロリストになるエジプト人、地下鉄でサリンガスをまいた日本人、サリンガスを吸った日本人、商店街の日本人、神戸の日本人、みながそれぞれの場所で絶望の叫び声をあげた年だった。世界各地で「生きづらさ」が広がった。

あれから一〇年だ。スレブレニツァという単語を耳にしたせいで、「絶望の九五年」がフラッシュバックのようによみがえった。

時代は変わった。もっと悪い方へだ、とわたしには思える。

世界を見渡せば、オウムのグローバル版ともいえる九・一一テロ事件が発生し、それ以降、宗教も社会も世間も、政治も歴史も民族も、世界中でもめにもめ、殺しあいを繰り広げ、血を流してばかりいる。それはいつものことなのか。わたしは変わったのか。日本を出た。居場所は変わった。でも内実は変わっていない気がした。あいかわらず行き場もなく、帰るべき場所がどこなのかもわからないまま、故郷喪失者としてベルリンで日銭を稼ぎ、飯を食い、一人で生きていた。

日本は変わったのか。わたしは知らなかった。平成の後半をわたしは日本の外で生きていた。ニュースで知ったことといえば、小泉純一郎や竹中平蔵たちの内閣が国民から圧倒的な支持を受け、郵政民営化を推し進め、アメリカの戦争に相も変わらず協力していることくらいだった。どこか人ごとに思えた。アメリカを敵視するイスラム系住民がわたしのまわりにはたくさんいて、彼らの目からみえるアメリカという存在は、時代遅れの帝国主義にとりつかれた戦争大好きな国にしかみえないのだった。そしてわたしの国は、アメリカの戦争のために血税を上納している国であり、その金で作られた爆弾によって難民が生まれ、まわりまわってそのひとびとがベルリンに流れてきて、わたしの隣人となっているということなのだ。

風が川をなでた。さざ波が立った。オレンジ色の街頭の光が川面に揺れている。船上レストランで談笑するひとびとがみえる。川の反対側に立つザンクトパウル病院の後ろに、とがった三日月がみえる。緑なすスレブレニツァの森の上にも月はのぼっていたのだろうか。サリンの猛毒に苦しむひとたちが病院へ運ばれる途中、いったいなぜ、死の苦しみに対面させられているのか、まったく理由がわからず、その不条理は苦しみを増したのではないか。

民族紛争、カルト集団の暴発、憎しみの応酬。殺す方も殺される方もどちらも救われないという、この二重の救われなさはいったい何なんだ。それとも、少しはどこかの誰かの足しにはなったのだろうか。

夕暮れの最後の陽が消えようとしている。スレブレニツァでひとを殺しつかれたセルビア人兵士が一服をつけたとき、暮れなずむ美しい夏の空をみはしなかっただろうか。

わたしの足は川沿いからはずれて暗がりへ入った。前から黒々とした三人組の影が通り過ぎた。

はっきりみえはしなかったが、目つきが鋭いように感じた。彼らが通り過ぎた拍子に、わたしの後頭部に何か果物の種のようなものが飛んできてあたった。

「なんだ」三人組の仕業以外の何物でもなかったから、わたしは思わず声に出してふりむいた。それが相手の思うつぼだった。

「なんだい、因縁つけんのかよ」一人の少年がいきり立ち、こちらに向かってきた。歳は、一八、九だろうか。

ドイツ人のドイツ語ではなかった。アラブ系か、トルコ系だ。背丈はわたしとそれほど変わらない。因縁をつけてきた少年は迷彩色のタンクトップを着ている。きたえあげた二の腕がでている。斜めにひっかけた帽子からのぞく目が、あきらかに酩酊していた。酒かクスリかどちらかだ。あるいはその両方か。その後ろに同世代の少年が二人ひかえている。

逃げようがない。わたしは一歩進んで対面した。鼻がつきそうな距離で相手がこちらをのぞき込んできた。わたしの目つきは、怒気はふくんでいたろうが、けんか腰というより、何が言いたいのかはっきり聞いてやろうじゃないか、という感じだった。

タンクトップが一方的にまくし立てた。「なんだよ、文句あんのか、なにが言いてえんだ。あ？なんか、オレがやったのか？　おい、オレがおまえに何かやったのかって聞いてるんだ」

「それはこっちのセリフだろう。オレの頭に何か飛んできた。おまえがそれをやったのかどうか、オレが、おまえに、聞きたいところだ」わたしはつとめて冷静に言った。

「それをオレがやったというのか？　それをこのオレがやった証拠があるのか？　言ってみろよ、

どうしてオレがそれをやったって言えるんだ、あ？　証拠をみせてみろよ、え、どうなんだ？」

「オレの目は夜になるとよくみえるようになってってね。おまえがやったのがはっきりみえたんだよ」

「なんだと」

わたしがかましたはったりに、一瞬スキを突かれた表情になった。少年の目が、だんだん焦点があわなくなっていた。瞳孔が開きだしている。そしてポケットから刃渡り三〇センチほどのアーミーナイフを取り出して、わたしに突きつけるでもなく、もてあそびだした。大きめのナイフが暗がりだったせいなのか、素人がもつものにしては大きすぎて、おもちゃじみてみえた。

不思議と恐怖がわかず、わたしも腰が据わってきた。自分が壁にでもなったような気分だ。やるならやってみろ。刺されたら刺されたまでだ。事故だと思うしかない。乗った飛行機が落ちたと思うしかない。

少年がすごんでみせる。「オレはアラバー《アラブ人》だ。なんか文句あるのか、この野郎」

「おまえがアラバーだろうがなかろうが、オレにはどうでもいいことだ」

「なにぃ？」

「アラバーだろうが、トルコだろうが、ドイツだろうが、オレにはどうでもいいと言ってるんだ。おまえはオレとおなじ人間だ、おまえはオレとおなじ男だ、おまえはオレとおなじカナッケ（土人）だ。何の違いもない」

「なんだと」

「そうは思わないか」

「オレはアラバーをこれっぽっちもなめる気持ちはない」わたしが腹に力を入れて、直球でそう言ったあたりから、少年も自分が何をやっているのか、わかっていないような呆けた目つきになっていた。ナイフをもてあそんでいる手も、あぶなっかしくて、思わず落としそうだ。様子をみていた仲間のひとりがみかねて、タンクトップの肩を軽くこづいて言った。

「もういい。やめろ」

「彼は酔ってるのか?」わたしがすかさずその声の主に問うと、「ああ、ちょっとこいつは飲みすぎた。悪かったな。あんた中国人か」後ろにひかえていた一人が言った。

「いや、日本人だ」

「カラテとかできんのか」

「少し学校で習った程度だ」

すっかり毒気がぬけてしまって、ナイフのやり場に困ったタンクトップが、ポケットにしまおうとするが、手が震えておさまらない。本人がびっているところをみると、ナイフも使い慣れていないのかもしれない。突然声音を変えて、タンクトップが言った。「あんた、いいやつだな。オレも自分で自分がわからねえんだ。さっきから、ずっとウォッカを飲んでマリファナ吸っててさ」少年がズボンの後ろのポケットに突っ込んでいた瓶はスーパーで売っている一番安い最低のウォッカだった。

わたしは言った。「ああ、オレもそうなるよ。飲みすぎると自分がわからなくなる」

「悪かったな」

「もういいさ」

この少年のつっぱり方が、わたしにはイヤというほど理解できた。オレはアラブ人だ、アラブ人のオレをなめるな、アラブ人全体をなめるな、と言いたいのだ。ベルリンでアラブ系移民はすこぶる評判が悪い。九・一一アメリカ同時多発テロ事件以降、その流れは加速している。

わたしが対面しているのは移民の二世三世で、彼らはたいてい移民街で生まれ育ち、あまり教育環境に恵まれていない。ドイツの学校は初等教育を終えると、三つの種類の中高一貫教育に分かれる。ひとつは大学進学を目指すギムナジウム、もう一つは技能教育と専門知識教育を併せもつレアルシューレ（実科学校）、そしてもう一つは職業訓練を目指すハウプトシューレ（基幹学校）だ。多くの移民の子どもたちは、ハウプトシューレ卒業か、その中退者だ。ドイツ社会は徹底した資格・学位社会であり、何もディプロームを取得していない者が社会的な上昇を目指すことは難しい。だが、ドロップアウトした者たちは元気だけはいい。自然と不良化する。ますますドイツの市民社会からは嫌われ、落ちこぼれていく。一部のアラブ系の二世三世の若者たちのストレスは、傍目でみていてもつらいものがある。

すさんだ心に強い酒を入れれば、地が出る。暴れるしかないのだ。彼らはベルリンやドイツや欧州だけでなく、自分たちが世界中で不当に扱われていると感じており、それをSNSやメディアが助長する。そして世間の悪意が彼らにとりつくのだ。この少年が因縁をつける相手が普通のドイツ人か、もっといえば白人であれば、おそらくこうも簡単に折れることはなかっただろう。だが因縁をつけたわたしがアジア人だったことが判明して、彼らの矛先は少し鈍った。アジア系はドイツでは、まあ、はっきりいえばちょっと劣っているとされる人種だ。彼の怒りを思い切りぶつける相手としては不足があった。そこへわたしがストレートな思いをぶつけた。オレたちは同じなんだ、と。そうとどめを刺されて、彼は腰砕けになった。

わたしはこの少年に親近感をもった。いうなれば、アラバーのわたしだ。なぜ自分がこうなっているのか、わからない。ワルに徹して本職になろうとしても、そこまで冷酷にもなれない。世間は敵意に満ちていて、自分を排除しようとする。自分が生きる場所はどこなのか。こんな少年たちは無意識にそんな思いをかかえている。たとえば、この少年に、ある日、アラブ系の親切な男が近づいてきて、彼のかかえる苦しみの理由をるる説明し、ある集会に連れていくとする。そこで少年の敵の名をつげ、その敵を殺すことが少年の苦しみを解放する唯一の方法であることを吹き込んだとする。少年はそのために立ち上がることをいとわないだろう。実行すれば、彼は町のチンピラ予備軍から一気に英雄に出世できるのだ。末端で麻薬を売り買いしている若い移民をみると、わたしはとても苦しくなる。

「ほんと、悪かったな」タンクトップがもう一度言った。

「もういいんだ。気にしないでくれ」わたしが言った。

「これ、商売道具だけど、あんたにあげるよ」

タンクトップがズボンのポケットから乾燥大麻（マリファナ）の入った小さなビニール袋を二つよこした。

「おまえの商売だろう。自分で吸ったりひとにやるより、しっかり売れよ」わたしはカッコをつけて大きなところをみせたが、ゲンキンにも一袋だけ受け取って、もう一袋を返した。

「じゃ、失礼するよ」

最後は和解のしるしに、お互いの手のひらを上げて、パシッと手をあわせた。

ベルリンでマリファナは日常的な風景だ。

ドイツ連邦基本法のなかには麻薬法（BtMG）があり、大麻（マリファナ）の所有、販売、購入、栽培、輸入、輸出、譲渡、製造、市販は禁止されているが、少量の使用に関しては、明確には禁止されていない。使用はＯＫなのに所有や購入はダメとなるとつじつまが合わなくなるが、そこは一九九四年に連邦憲法裁判所（日本の最高裁に相当）が「大麻判決」と呼ばれる判決を出した。それによれば、個人が使用する少量の大麻の輸入、購入、所持による麻薬法の軽微な違反に関しては、各州の司法機関の裁量により刑事訴追を中止することができる、ということになった。まわりくどい言い方だが、少量なら所持も購入も見逃す、ということだ。面倒なのは「少量」がどのくらいなのかは州によって議論が分かれるため、対応もバラバラ。ほとんどの州は「少量（geringe Menge）」を六グラムとしている。例外的にベルリン、ブレーメン、ニーダーザクセンの各州は一五グラム、メッケルンブルク・フォアポメルン州は五グラムなどとなっている。現状として、組織的におこなわれる大量の売買でない限り警察もそれほど厳しく取り締まらない。大麻を吸うための吸引器具も普通の雑貨屋で売られている。かつて日本の中高生がワルを働くつもりで大人に隠れてタバコを吸っていたが、あれに似た感覚で、ドイツの中高生が大麻をまわし吸いするのをみかける。ちなみに車の運転の際は、大麻に含まれる気持ちよくなる成分テトラヒドロカンナビノール（ＴＨＣ）の血液中濃度は1,0ng/mlまでが上限、とこれまた連邦憲法裁判所が二〇〇四年に判断している。これを超えて運転中に警察の路上検査に引っかかった場合は免停とされているが、近年、3,0ng/mlまでは問題ないことにしようという専門家の提案も出て上限を上げていく傾向にある。この辺の細かい数値は最新の医療研究と各州の司法判断によりどんどん変化しているためご注意いただきたい。とはいえ、吸うと二～三〇日前後は残るので、乗るなら吸うな、吸うなら乗るな、というのが原則であることには変わりない。ドイツで運転免許を取る際には、マリファナを含めほかのドラッグに関しても運転教本にたっぷり説明されているので詳しく学ばされることになる。二〇一七年、大麻の医療使用がドイツで解禁され、医師の処方箋があれば購入でき、八〇万人の患者がマリファナを摂取できる体制が整っている。支払いの一部は健康保険会社が払っている。一般社会におけるマリファナの解禁議論は、昨今ドイツ国内でも活気づくテーマだ。

アラブ少年たちと別れるとわたしは、川沿いの恋人たちの群れに戻った。芝生に陣どっている若者たちが、ゆったりビールを飲んでいる。わたしもその近くに座り込んだ。

わたしは同じ年格好のドイツの男女に近づいて、大麻を巻くためのロングペーパーをもらった。タバコを混ぜて、長くて太いジョイントを一本巻いた。ひとりで吸うには多すぎる。まわす仲間もいないが、月がそこにいる。白鳥とカモが、おしりをふりながら泳いでいく。わたしは火をつけ、ふかぶかと吸い込む。火種があかあかと燃えあがる。

ボスニア・ヘルツェゴビナでは虐殺された死者への追悼式典がおこなわれているだろうか。スカーフをかぶった女たちが涙を流しているだろうか。オウム真理教を離れた信徒たちは、今どうやって生きているのだろうか。東京の地下鉄でサリンガスを吸ったひとたちは、どんな後遺症に苦しんでいるのだろうか。あのアラブの不良少年たちに幸せな人生は待っているのだろうか。

草の上に寝転がった。マリファナの煙にまかれながら、わたしは夏の夜の夢、いや、夏の夜の悪夢に深々と落ちていく。

わたしがベルリンで腹を刺され、血だらけで倒れている。理由はくだらない。よくある路上のいざこざだ。こうやって死んでいくのか。どうにもならない。ろくな人生じゃなかった。社会を変える力もなく、誰一人幸せにできなかった。空がみえる。三日月がみえる。これが末期の目に映る風景か。いい夜だ。ベルリンの夏の夜は最高だ。空気が乾いていて心地いい。こんな夜を、できることならひとりではなく、誰かといっしょに過ごしたかった。

横たわったわたしの体が地の底へおろされていく。上に土が降りかけられる。土は冷たくて重い。どんどん土はかけられて、最後は踏み固められる。それで終わりだ。

今夜はマリファナが効きすぎる。

ポケットをまさぐると、真っ赤なブーゲンビリアの花びらがでてきた。わたしはいつまでも花びらをもてあそんでいた。

おわりに

ドイツにエコ・フレッシュ（Eko Fresh）というラッパーがいます。ケルン生まれのトルコ系移民の二世です。彼が二〇一八年に発表した「Aber（だけど）」という曲は、ドイツで生活する移民側の心情と、彼らに対するドイツ市民の反感をテーマにしています。ラップ的ディススタイルで両者がそれぞれ心中をぶちまけ、最後にその両方を橋渡しするという三部構成をとっています。ドイツでは差別や民族を考えるために、このMVを学校の教材に使う教師もいて、生徒同士で議論させています。英語の字幕のついたものがYoutubeで公開されています。

第一部は、ボンバージャケットを着たドイツ人青年が登場します。「最初にはっきりさせておく。オレはナチではない。だけど……」というセリフからスタートし、そこからドイツ市民による外国人、とくにアラブ諸国やトルコからきているイスラム系移民への罵倒がはじまります。おまえたちはやたらと子どもをつくり、女たちを五メートル後ろから歩かせる。みなIphoneを手にしていて、爆弾を仕掛けて、首をはねるのが、おまえたちのやり方さ。ドイツ国内にアラブマフィアははびこる、ドラッグ礼賛のラップははやらせる。左がかった連中が描いた絵のせいでますます悪いことになる。おまえたちはわれわれが大事にする原則に屁を放つ。この国から出ていったっていいんだ。オレは自分の国の側に立つ。だからAfD(極右政党〝ドイツのための選択肢〟)に一票を入れる。そんな内容です。

第二部は、ドイツで生まれ育った、髭のトルコ人移民労働者側からの反撃です。「最初にはっきりさせておく。オレはドイツを愛している。だけど……」というセリフからスタートします。イスラム女子のスカーフを禁止して、おまえたちはやたらと短いスカートをはく。信仰薄き恥知らずども。キリスト教指導者には子どもに性的虐待をする輩も多いが、イスラム教指導者にはありえない話だ。オレたちがいっしょにドイツをつくってきたってことを忘れるな。おまえたちの現在の繁栄はオレたちの親の汗に支えられてきたんだ。それなのに移民施設に放火しやがって。ネット上では毎日イスラムの脅威の話ばかり。だから髭を生やした男には仕事も家もあたえようとしないし、アパートの集合表札にオリエンタルな名前があると都合が悪い。それでオレたちをゲットーに閉じ込めて隔離する。何が統合だ? おまえたちはオレたちを同化させたいだけだ。オレはドイツ人になる気はない。誇りあるトルコ人のままだ。

そして第三部。ラッパー本人がトルコ系の本名を名乗るところからはじまります。「最初にはっきりさせておく。オレの名前はエクレム・ボラだ」。そして両者に語りかけます。またそんな対立を蒸し返すのか。もうとっくの昔にケリがついている話だったはずだ。オレは両者の間で育ってきたドイツ系トルコ人(Deutsch-Türke)さ。世間じゃ白か黒かどっちか選べっていう。善人か悪人か、アンティファかナチのブタか、極右かメルケルか、独裁かクーデターか。でもオレたちはその二つの世界の間で育ってきたんだ。どちらかを選ぶ必要はない。オレはオレ自身であることが一番大事なんだ。自分に忠実でいられる人間なんてめったにいない。アイデンティティなんてそいつだけが感じられるスマホのバイブみたいなもの。宗教であれ伝統であれ、一つの国のなかに共存させるのはたしかに難しいけれど、今だって、すでにそうしているじゃないか。

そう呼びかけて終わります。

一九六〇年代から東西ドイツでは、深刻な労働力不足から外国人労働者を受け入れることで、経済活動を活性化してきた歴史があります。外国からきた労働者たちはドイツに定住して移民化してきました。ドイツ連邦統計局調べによると、二〇一八年、移民の背景をもったドイツ人は二千八〇万人。その定義は、本人かまたは両親のどちらかがドイツ国籍をもたずに生まれてきた者です。この数はドイツの全人口八三〇〇万人の約四分の一に相当します。在住外国人は一〇九〇万人、帰化したひとは一一万二千三百人。そのすべてが移民労働者とその家族ではありませんが、彼らがその中核をなしていることは間違いありません。違う宗教や伝統を身にまとうひとびとが、日常の生活圏でドイツ的ではない風景を作る場面が増えている。そこから両者の間に生まれるとまどいや軋轢を、エコ・フレッシュがストレートな言葉で表現したのがこの曲でした。わたしは外国人としてこの曲が活写する日常を生きながら、これはきたるべき日本の姿だ、という思いをもつようになりました。

日本政府は労働力不足に悩む経済界と企業経営者たちの要請を受け、二〇一八年改正出入国管理法を閣議決定し、外国人労働者に広く門戸を開いて働いてもらうことにしました。ドイツと同じ流れです。さまざまな立場から批判の声があがっていますが日本政府がそう決めた以上、好むと好まざるとにかかわらず、今後は日本社会に外国人労働者が増えていきます。将来的には彼ら彼女らは仕事場のみならず、結婚や育児を通じて日本社会と袖振りあいながら移民化し、根を下ろしていくと思われます。誰もがつつがなく幸せに暮らしていくことが理想です。しかし、そう簡単にことが運ぶかどうか。

みてくれ、食べ物、言葉、所作、体臭、習慣、笑いのツボなど、リアルで数限りなくある違いに、ニンゲンは悲しいかな区別で止まらず差別をもち込んでしまう癖があります。ドイツ人がとくに差別的なのではなく、世界中のどの社会のニンゲンでももっている悪癖です。その構造は単純化すればこうです。マジョリティの思っていること（観念）があらかじめ「普通のもの」として通用し、マイノリティは自動的に「普通とは違うもの」とされる。「違う」で止めておけばいいものを、そこに序列（差別）をもち込んでしまうというニンゲンの悲しい性《さが》。外国人として身をさらすことで、この構造にわたしは何度もつまずきました。

ひとは「普通とは違うもの」を惰性でつい否定したくなります。否定したものは「間違っているもの」とする空気が醸成され、その空気がたとえ根拠のないものであろうとマジョリティは無批判に受け入れ、自分たちを「正しい」とする。ユダヤ人、ロマ、身体障がい者、同性愛者、精神病者を「間違っているもの」として殲滅をはかったナチの優生思想は、人類史上まれにみる犯罪の動機となりましたが、優生思考（差別思考）そのものは潜在的にわたしたちのなかにある日常的な感覚です。かつて日本を含め世界各地で優生保護のためにおこなった「遺伝子操作」「産児制限」「人種改良」が、国をあげての人種差別、戦争、大量虐殺につながった過去をわたしたちは何度も経験してきたにもかかわらず、健康や幸せの名のもとにあいかわらず「遺伝子操作（ゲノム編集、遺伝子工学）」技術を拡張し、出生前診断による自主的な「産児制限」をおこない、無自覚に「人種改良」を目指して日々努力している現実があります。優生思考（差別思考）は不合理だとわかっていても抑えがたい動機になっている。少子化を憂いながら、この思考をつづけるわたしたちは皮肉にも少子化を積極的にすすめており、優生的物差しを自分自身にあてはめ自分を苦しめるようになりました。子どもを産み育てる世代が巨大なストレスを感じ、当然の結果として小産多死社会が到来しました。そのコインの裏は移民社会です。わたしたちはこれから「普通（日本人）とは違う」ひとびとととともに暮らしていくことになります。そのとき、くるひとも迎えるひともみなが幸せになるためには、優生思考（差別思考）を手放せるかどうかにかかっていると考えます。なぜなら外国人労働者に安い賃金で日本人がやらない仕事をしてもらうという了見そのものが差別構造の上に成り立っており、そのなかで暮らすわたしたちも、口では差別に反対しつつその構造を無意識に肯定し、差別されないようひとより少しでも上へいかないと幸せになれないと、もがき苦しんでいるからです。けっきょく自分が選んだものによって自分の首をしめている。

ではどうすればいいのか。少なくともわたしは、小さな一歩としてみずからを差別構造の枠のなかに閉じ込めて生きていることを意識し、その枠から抜け出して、自由に、寛容に生きることを目指しています（できている、できていないは別として）。それに加えて、自分がマイノリティに対して差別をもち込んでいないか点検するようになりました。わたしたちがいくら差別をやめられないにしても、自覚しているとしていないとでは、のちのち感じ方が変わってきます。毎日体重計に乗るだけでダイエット効果がえられるように、「つい差別しているんだよな」と思って暮らしていれば、ニンゲンはきっと進化できます。わたしたちは原始人時代、ひとを食えたのに今は食えません。それは他のニンゲンへの想像力が発達したからです。でもまだぜんぜん足りない。もっともっと発達させなければ。わたしたちが差別構造を超えられるまで。

その一助になればと思い、マイノリティたる移民側からみえる風景を書いてみました。

もう一点だけ。矛盾するようであまり大きな声ではいえませんが、マイノリティのもつ自由というものは一度味わうとやめられなくなります。マジョリティがみなで頭をかかえている問題でも、オレには関係ない、オレはオレの問題で手いっぱいなんだ、とつきはなせる。空気はしっかり読むが、それを内面化しないで自分の自由を確保できる。個が強烈に個でいられる。マイノリティに約束された境地です。それが本当はマジョリティのなかででき、マジョリティがマイノリティを認め受け入れることができればいいのですが、なかなかそれが難しい。どうしてもひとを染めようとし、みずから染まろうとする。

この本には、マイノリティのすすめ、という思いもどこかまじっています。

主要参考資料

◉本書全般について

『エルサレムのアイヒマン』ハンナ・アーレント、みすず書房、二〇一七年
『外国人労働者・移民・難民ってだれのこと？』内藤正典、集英社、二〇一九年
『教養のドイツ現代史』田野大輔、柳原伸洋編著、ミネルヴァ書房、二〇一六年
『社会関係資本研究論集』第五号、研究ノート「ドイツにおけるベトナム人の社会関係資本――カリン・ヴァイス／マイク・デニス（編）『ニッチでの成果？――DDRと東ドイツにおけるベトナム人』を読む」村上俊介、専修大学社会関係資本研究センター、二〇一四年
『地歴・公民科資料六〇号「兵役拒否に揺らぐ徴兵制」』佐々木陽子、実教出版、二〇〇五年
『都市交通の世界史――出現するメトロポリスとバス・鉄道網の拡大』小池滋、和久田康雄編、「ベルリン」青木真美、悠書館、二〇一二年
『テロリストの軌跡――モハメド・アタを追う』朝日新聞アタ取材班、草思社、二〇〇二年
『ドイツ再軍備』岩間陽子、中央公論社、一九九三年
『ドイツ食品事情と日本食の可能性』ジェトロ・デュッセルドルフ事務所 西岡宏、JETRO、二〇一七年
『変容するベトナムの社会構造――ドイモイ後の発展と課題』第八章「ドイツのベトナム人旧東ドイツの契約労働者たちの軌跡」村上俊介、専修大学出版局、二〇一七年
『兵役拒否』佐々木陽子編著、青弓社、二〇〇四年
『ヨーロッパとイスラーム』内藤正典、岩波新書、二〇〇四年
『早稲田商学第四二五号「ベルリンS・Uバーン発達史――第二次世界大戦までを中心に」』渡邉徹、早稲田大学商学部、二〇一〇年

『私は東ドイツに生まれた――壁の向こうの日常生活』フランク・リースナー、東洋書店、二〇一二年

Bußgeldkatalog & Bußgeldrechner 2019, https://www.bussgeldkatalog.org/（罰金カタログＨＰ）

BVG, https://www.bvg.de/de/（ベルリン市交通局ＨＰ）

CITY OF OZ, http://city-of-oz.hamburg/（オズＨＰ）

Coca-Colda Deutschland, https://www.coca-cola-deutschland.de/（ドイツコカ・コーラＨＰ）

Das Bundesministerium für Arbeit und Soziales, https://www.bmas.de/DE/Startseite/start.html（ドイツ連邦労働社会省ＨＰ）

Das Erste, https://www.daserste.de/（第一ドイツテレビ ダスエルステＨＰ）

DB, https://www.bahn.de/p/view/index.shtml（ドイチェバーンＨＰ）

Die Diesntstellen der STREITKRÄFTEBASIS, https://www.bundeswehr.de/（ドイツ連邦軍ＨＰ）

50 Jahre Bundeswehr, Bernhard Fleckenstein, Bundeszentrale für politische Bildung2005（『連邦軍の50年』ベルンハルド・フレッケンシュタイン、政治教育連邦センター、二〇〇五年）

FOCUS online, https://www.focus.de/（調査報道誌フォーカスＨＰ）

Gesetze im Internet:Bundesministerium der Justiz und für Verbraucherschutz, https://www.gesetze-im-internet.de/（ドイツ連邦司法消費者保護省ＨＰドイツ基本法及び各法律オンラインデータベース）

Militär und Demokratie in Deutschland: Eine Einführung, Wilfried von Bredow, VS Verlag für Sozialwissenschaften 2008（『ドイツにおける軍隊と民主主義――入門編』ヴィルフリード・フォン・ブレドー、社会学VS出版、二〇〇八年）

Mitteldeutscher Rundfunk, http://www.mdr.de/（中部ドイツ放送ＨＰ）

S Bahn Berlin, https://sbahn.berlin/（ベルリンＳバーンＨＰ）

Spiegel online, https://www.spiegel.de/spiegel/print/index-2019.html（調査報道誌シュピーゲル・アーカイブＨＰ）

Statista, https://de.statista.com/（統計データベース企業シュタティスタＨＰ）
Statistikamt Nord, https://www.statistik-nord.de/（ハンブルク及びシュレスヴィヒホルシュタイン州統計局ＨＰ）
The Guardian, https://www.theguardian.com/world（ガーディアンＨＰ）
TU Berlin, https://www.tu-berlin.de/menue/home/（ベルリン工科大学ＨＰ）
TUHH, https://www.tuhh.de/tuhh/startseite.html（ハンブルク工科大学ＨＰ）

◉とくに各章ごとに参照したＨＰ

【第１章】
https://www.stern.de/reise/deutschland/wie-zehntausende-vietnamesen-in-berlin-heimisch-wurden-7838760.html
https://www.berliner-zeitung.de/berlin/chef-des-dong-xuan-centers-im-interview-seine-lieblingsspeise-ist-die-bratwurst-1372202
https://www.zeit.de/zeit-geschichte/2015/04/ddr-propaganda-auslaender-einwanderer/seite-2
https://www.ndr.de/kultur/geschichte/schauplaetze/Chronologie-der-Krawalle-in-Rostock-Lichtenhagen,lichtenhagen161.html
http://www.spiegel.de/einestages/berlin-der-90er-die-vietnamesische-zigaretten-mafia-a-1144733.html
http://www.spiegel.de/einestages/vietnamesische-kinder-in-der-ddr-ein-paradies-bis-zur-wende-a-1060680.html
http://www.spiegel.de/einestages/boatpeople-aus-vietnam-a-949685.html
https://www.mdr.de/zeitreise/vertragsarbeiter-vietnam100.html
https://www.morgenpost.de/berlin-aktuell/article123566770/Wo-die-illegalen-Zigarettenhaendler-in-Berlin-

operieren.html
https://www.zeit.de/zeit-geschichte/2015/04/ddr-propaganda-auslaender-einwanderer/seite-2
https://www.zeit.de/gesellschaft/zeitgeschehen/2014-09/vertragsarbeiter-vietnam-berlin-wedding/seite-2

【第二章】

http://unternehmen.bvg.de/de/Unternehmen/BVG-Business/Objektnutzung/Musizieren」

【第三章】

https://www.spiegel.de/spiegel/spiegelspecial/d-9178899.html
https://www.gesetze-im-internet.de/gg/art_4.html
https://www.gesetze-im-internet.de/gg/art_12a.html
http://www.jikkyo.co.jp/download/detail/29/5724505706)
https://de.wikipedia.org/wiki/Kriegsdienstverweigerung_in_Deutschland)
http://www.bpb.de/apuz/29038/50-jahre-bundeswehr?p=0
https://books.google.co.jp/books?id=fBA5LrNk2-oC&pg=PA155&lpg=PA155&dq=Zahlen+der+kriegsdienstverweigerer%E3%80%80Deutschland+1991%E3%80%801992&source=bl&ots=R2RTNd-qao&sig=ACfU3U1U9dzgParZDJYJT3F0t0edDGKxaA&hl=ja&sa=X&ved=2ahUKEwjY1sHKjeHjAhXDG6YKHUzyC-8Q6AEwDHoECAYQAQ#v=onepage&q=Zahlen%20der%20kriegsdienstverweigerer%-E3%80%80Deutschland%201991%E3%80%801992&f=false
https://www.spiegel.de/spiegel/print/d-13689061.html
https://www.kommando.streitkraeftebasis.de/portal/a/kdoskb/start/terraufg/truebpl/lehnin/!ut/p/z1/hU5NC4IwGP4tHbzufVHK1c3wUlgIBukuMXVNYzqZS_v5GZ6CpOf2fPIAgxRYy4daclvrlquJZ2xz29PoErlb141OIe

IhPFOkNPYwduH6L8AmGxcQICSlgGza8Jc3fEiAAXvwgb9Ip41VwhJefB5CVvG2VCLWRTALR2BS6Xy-HrS5RyUwI-7CCEOeZpIra7t-56CD4zgSqbVUghS6cfBXpdK9hfQ7CV2Tjuit1RAFqzedYmWe/dz/d5/L2dBISEvZ0FBIS9nQSEh/#Z7_B8LTL2922LMD00IDN8088P30P7
https://www.welt.de/print-welt/article637638/Bundeswehr-Soldaten-bei-Unfall-in-Bosnien-getoetet.html?fbclid=IwAR2O2XFghE-JdzLkHDdO0ZQ-GQOJV5uxk6ul1938OoOozd5f2PdUDY021no
https://www.mopo.de/-fuenf-tage-nach-dem--unglueck-von-rajlovac-nahmen-gestern-die-deutschen-sfor-soldaten-abschied-von-ihren-getoeteten-kameraden--mopo-reporter-olaf-wunder-und-katrin-neuhauser-waren-dabei----tod-der-kameraden--trauma-fuer-die-truppe--19060812
https://www.spiegel.de/politik/deutschland/schiessunfall-bewaehrungsstrafe-fuer-bundeswehr-soldat-a-26136.html
https://www.welt.de/print-welt/article637638/Bundeswehr-Soldaten-bei-Unfall-in-Bosnien-getoetet.html

【第四章】
https://www.zeit.de/1996/29/Berlin_Kurfuerstenprospekt
http://news.bbc.co.uk/2/hi/special_report/1998/03/98/russian_mafia/70095.stm）
https://www.arbeitsagentur.de/finanzielle-hilfen/anspruch-hoehe-dauer-arbeitslosengeld
https://web.archive.org/web/20090107002411/http://www.mdr.de/doku/1187647.html

【第五章】
https://www.tagesspiegel.de/berlin/zahlen-und-fakten-zu-friedrichshain-kreuzberg/130728.html

【第六章】
https://www.statistik-nord.de/fileadmin/Dokumente/Sonderver%C3%B6ffentlichungen/Bevoelkerung_Strukturen_

Trends_2003.pdf
https://www.theguardian.com/world/2001/sep/23/september11.education
https://www.theguardian.com/world/2001/sep/23/september11.education
https://daserste.ndr.de/panorama/archiv/2014/Todespilot-Atta-Die-andere-Seite-der-Bestie,mohammedatta104.html?fbclid=IwAR1B1cvF9XZ14mx-PBJ3eCkIWTH28EZzd462-F8F62BTwmxd5NDmOnljQ14
https://www.bpb.de/geschichte/deutsche-einheit/lange-wege-der-deutschen-einheit/47242/arbeitslosigkeit?p=all
http://www.sozialpolitik-aktuell.de/tl_files/sozialpolitik-aktuell/_Politikfelder/Arbeitsmarkt/Datensammlung/PDF-Dateien/abbIV31.pdf
https://www.spiegel.de/fotostrecke/armutsatlas-wo-die-meisten-hartz-iv-empfaenger-leben-fotostrecke-76556.html
https://www.focus.de/finanzen/news/armustbericht-bremen-und-meck-pom-wo-deutschlands-arme-wohnen_id_4495710.html

【第七章】

(https://de.statista.com/statistik/daten/studie/72321/umfrage/entwicklung-der-anzahl-der-muslime-in-deutschland-seit-1945/

あとがき

ベルリンで外国人として暮らしているなかで、その半分の年月をわたしは優越意識と劣等意識の間を行ったりきたりしました。ドイツに根を下ろすと、わたしはひとりのアジア系移民としてドイツ人社会のなかで遇されるようになりましたが、そんな小さな枠のなかにあって自分はアジア系のなかでもベトナム系や中国系や韓国系より上だぞ、と力んでみることがありました。あるいはアジアを見下す白人系ドイツ人（いまや黒人系ドイツ人もアラブ系ドイツ人もいる時代です）に対し、ドイツに移民しているインドネシア系やトルコ系の仲間と共闘意識をもって、アジアをなめるな、と口をとがらすこともありました。しかし、にわか愛国主義者やにわかアジア主義者になってみて、ドイツ滞在が五年も過ぎると、今度はそんな思考が自分を息苦しくさせていることに気がつきました。それだけではありません。優越意識と劣等意識がないまぜになった差別思考は、社会や世界を死に向かわせるがん細胞ではないか、と考えるようになったのです。これはどんな人間にもあり、どんな時代にもあり、どんな国にもあります。その帰結こそ、戦争、経済格差、経済至上主義による環境破壊ではないか。

現代医療の説明によれば、健康な体にも毎日がん細胞は生まれつづけています。その数は一日数百個から数千個にのぼり、活発な免疫力がそれを監視し、これはがん細胞だと認識すると無害化します。しかし、体内の免疫力が弱まり対抗できなくなると、がん細胞はどんどん増殖し、発生した器官からいろいろな場所へ転移していきます。最後は肉体の死に向かってステージを上げていく。

差別＝がん細胞、ととらえるならば、この世のものにはあらかじめがん細胞が埋め込まれているように思えます。国家、人種、民族、性別、学歴、財産、血統、家族、土地、企業名、役職名、勲章、容姿、スタイル、体重、流行、若さ、ファッション……どれをとっても優劣がある。上を目指して優越意識を強めていく者が国家の指導層を形成し、社会のインフルエンサーとなっていくため、差別構造自体は何の疑問もなくこの世の所与のものとして温存されます。勝ち残った者（あるいは勝ち残った者の末裔）がその構造をその他大勢の民衆に教え込み、あらゆる場面で優劣を作りだしていく。そしてわたしたちは少しでも上に行くことが幸せであると洗脳され、生まれ落ちたときから尻を叩かれ、死ぬまでその競争を勝ち抜くことを強いられる。それがこの世のルールです。

何かおかしい。そのくせ幸せになれないと訴える悩み相談の解答には、「ひとと比較をしないこと」という回答があふれかえっている。言葉を変えればこれは、この世のルールに従うな、といっているに等しい。それは容易なことではありません。

外国人であったおかげで、わたしはこの差別構造に敏感にならざるをえなくなりました。それが幸いしたのか、ニンゲンに上も下もあるか、みんな違ってみんないいのだ、と考えるようになりました。とたんにわたしの愛国主義もアジア主義も、砂を噛むようなものに思えてしぼんでしまいました。国籍や肌の色をふくめ、自分が担っている立場やペルソナはたとえどんな権威や歴史からあたえられたものであろうと、絶対的なものではありません。この世のものは、つねに変わっていくものであり、ニンゲンの都合によって恣意的につくられ、壊され、変えられていくものだからです。この地球でわたしたちはいろいろなコスプレを楽しんだり悲しんだりしているのだと考えること。つまり立場もペルソナも国籍も肌の色もコスプレの一つだと考えること。コスチュームを脱げば自分はこの世でたった一つの自分であり、他のニンゲンもみなたった一つの自分を生きているという点で上も下もなく、みな同じだと考えること。それをわたしはがん細胞を無害化する「免疫思考」と呼んでいます。まじめで信頼される公務員だったアイヒマンが、数百万単位のユダヤ人虐殺の責任をきっちりはたしたのも、立場やペルソナを絶対化したからです。本来、わたしたちは差別思考に裏打ちされたこの世のルールにひざまずく理由はないのです。

移民、難民、外国人、外国人労働者と聞くと、日本ではたいてい経済問題と政治問題に結びつけられ、損か得かで語られます。しかし誰もが生きているうちに気がつくように、損は損とは限らず、得は得とは限りません。ひとの生が経済問題でケリがつくなら、ずいぶん味気ない話です。ベルリンでわたしが出会ったひとびとは、どちらかというと損な役回りを担っているひとたちが多かったのですが、彼ら彼女らがもっている根本的な包容力と免疫力は世界をいい方向に変えていく可能性を秘めていると思わせました。それがこの本の主人公たちです。

袖振りあうのも多生の縁という仏教的輪廻転生思考にいくばくかの真実を感じるならば、わたしのベルリンでの外国人としての日々は、日本以外に生まれ変わったかつて縁あったひとびとと出会いなおす今生の時間だった、という感じがします。だからデキの悪いひとたちがいっぱい出てくるのも仕方がありません。

この本がこの世のルールを相対化してみる小さな試みになってくれたら、望外の幸せです。

編集を担当してくださった高梨治さんには大変お世話になりました。つまずくたびに厳しくも的確な指針を示してくださり、見失った道が新たにみえてくることが何度もありました。こころから感謝いたします。ありがとうございました。


ベルリンの壁が崩壊して三十年目の二〇一九年十一月

加藤　淳

【著者】
加藤 淳
（かとう・じゅん）

1972年生まれ。
慶應義塾大学文学部卒業後、
ベルリン工科大学ドイツ文学科で学ぶ。
ベルリン在住11年を経て、翻訳・通訳・フリーライターとして活動。
訳書アドルフ・ロース著『虚空へ向けて』（アセテート 2012）、
同『にもかかわらず』（みすず書房 2015）、
同『ポチョムキン都市』（みすず書房 2017）など。

Sairyusha

世紀末《せいきまつ》ベルリン滞在記《たいざいき》

移民《いみん》／労働《ろうどう》／難民《なんみん》

二〇二〇年一月二十七日　初版第一刷

著者——加藤 淳

発行者——河野和憲

発行所——株式会社 彩流社

〒101-0051

東京都千代田区神田神保町三丁目10番地

大行ビル6階

電話：03-3234-5931

ファックス：03-3234-5932

E-mail：sairyusha@sairyusha.co.jp

印刷——(株)明和印刷

製本——(株)村上製本所

装丁——中城デザイン事務所

本書は日本出版著作権協会（JPCA）が委託管理する著作物です。
複写（コピー）・複製、その他著作物の利用については、
事前にJPCA（電話03-3812-9424、e-mail:info@jpca.jp.net）の
許諾を得て下さい。なお、無断でのコピー・スキャン・
デジタル化等の複製は著作権法上での例外を除き、
著作権法違反となります。

©Jun Kato, 2020, Printed in Japan

ISBN978-4-7791-2652-9 C0022

http://www.sairyusha.co.jp